LETTRES INÉDITES

D'HENRI IV.

LETTRES INÉDITES
D'HENRI IV,

ET

DE PLUSIEURS PERSONNAGES CÉLÈBRES,

Tels que FLÉCHIER, LA ROCHEFOUCAULT, VOLTAIRE, le Comte DE CAYLUS, ANQUETIL-DUPERRON, etc.

Ouvrage dans lequel se trouvent éclaircis plusieurs points d'Histoire très-curieux ; et devant faire suite aux OEuvres de ces Hommes illustres.

IMPRIMÉES SUR LES ORIGINAUX, AVEC DES NOTES ET UNE INTRODUCTION.

PAR A. SÉRIEYS, BIBLIOTHÉCAIRE DU PRYTANÉE.

A PARIS,

Chez HENRI TARDIEU, Libraire,
rue et maison des Mathurins, N° 335.

AN X. (1802).

INTRODUCTION.

Si les Lettres familières des grands hommes sont le dépôt le plus fidèle et le plus utile de leurs pensées; si l'on aime à les surprendre au milieu de leurs plaisirs, de leurs peines, de leurs confidences, j'oserai dire, de leurs erreurs; cette Collection paroîtra sans doute intéressante, ou du moins obtiendra de l'indulgence. C'est une espèce de galerie de tableaux, où l'on croit voir tour à tour agir, parler, écrire *Henri IV*, *Voltaire*, *Larochefoucault*, le comte *de Caylus*, et plusieurs hommes célèbres, dont la réunion forme un contraste remarquable par la diversité des génies, des goûts et des caractères.

Henri IV est un des Princes dont on a recueilli et publié avec le plus de soin la vie toute entière; cependant ce que je mets au jour, à l'exception de trois ou quatre pièces, avoit échappé jusqu'ici aux recherches des Argus littéraires. A la vérité, ces lettres ne se trouvoient point dans les grandes bibliothèques; leurs originaux existoient seulement en celle de M. *Joly de Fleury*, procureur-général, dans le vol. numéroté 407 des manuscrits de M. *Dupuy*. Elles ont été imprimées sur des copies exactes qu'en avoit tirées M. l'abbé de l'*Ecluse*; on a pu faire des reproches plus ou moins fondés à cet Editeur des *Mémoires de Sully;* mais on ne lui a jamais contesté sa grande habileté dans l'art de connoître les écritures tant d'Henri IV, que de ses différens Secrétaires.

Je ne m'étendrai point sur l'intérêt qu'inspirent ces Lettres d'Henri IV; non-seulement elles sont toutes l'expression de son âme, mais encore il en est qui tiennent à des événemens majeurs peu ou mal connus jusqu'à présent; on en voit la preuve dans les Lettres XXXIX et XL, où il s'agit de la promesse de mariage faite par ce monarque à Mlle d'Entragues. Ici il se plaint de l'opposition qu'il éprouve (de la part de Rosny). Là il redemande cette promesse. *Il l'avoit donc donnée.* Il l'avoit donnée à Malesherbes, comme il est prouvé par la Lettre qu'il écrit à M. d'Entragues; et cependant tous les Mémoires du temps portent qu'Henri IV ayant consulté M. Rosny sur cette promesse, ce ministre la lui fit déchirer.

L'abbé de l'Ecluse, en transcrivant les Lettres inédites d'Henri IV à la belle Gabrielle, mit en note à la marge, qu'elles étoient fort curieuses; le public, à coup sûr, partagera son sentiment: on aime jusqu'aux foiblesses de ce prince; elles étoient rachetées par tant de belles qualités!

Rien de plus naïf, de plus touchant et de moins connu que les confidences de *petite sœur* (Catherine, princesse de France et de Navarre, sœur unique d'Henri IV). La Lettre LIX, dans laquelle, au sujet d'une affaire d'intérêt avec lui, elle le prend pour son avocat, est pleine de grâces, de sentiment et de délicatesse. Dans une autre, elle témoigne le regret de n'être point mère. « Je » commencerai, dit-elle, à boire demain des » eaux que j'ai fait venir de Béarn; je verrai » si cela me fera plutôt vous faire un petit » page; mais j'ai bien opinion que je n'en » aurai point que je n'aye l'honneur de vous » voir; car on dit qu'il faut être contente » pour en avoir, et je ne le puis être sans » cela. »

Le manuscrit où ces Lettres sont contenues, renferme aussi une assez grande quantité d'autres pièces dont je n'ai publié qu'une très-petite partie, celle qui m'a paru pouvoir donner la clé de quelques faits importans, ou les constater d'une manière encore plus positive. J'ai cédé au plaisir de remettre sous les yeux du public la réponse d'Henri IV à son clergé, quand celui-ci le supplioit de faire disparoître quelques innovations qui s'étoient introduites dans la discipline ecclésiastique. Je doute qu'aucune harangue, tant chez les anciens que chez les modernes, présente plus de sens, de bon esprit, de sagesse et de raison.

J'ai laissé l'ancienne orthographe de la copie que j'ai sous mes yeux, et me suis fait un devoir de l'imprimer telle qu'on peut la voir dans le Merc. fr. tom. Ier, p. 50, et non telle qu'on la trouve dans un livre intitulé: *L'Esprit d'Henri IV*, où on ne sauroit la reconnoître; en effet il y a des morceaux tout entiers tronqués, il y en a d'autres substitués, notamment celui-ci : « Il faut par vos bons » exemples que vous répariez ce que les mau- » vais ont détruit, et que la vigilance recouvre » ce que la nonchalance a perdu. » Henri IV ne dit pas un mot de tout cela. Eh! pourquoi l'éditeur de cet *Esprit* a-t-il supprimé cette pensée, depuis si long-temps passée en proverbe, qui peint si bien la naïveté d'Henri IV, et qu'on peut dans tous les temps rappeler aux mécontens de tous les pays : « Cela se fera petit à petit, *Paris ne fut pas fait en un jour?* » Pourquoi a-t-il fait parler Henri IV à la fin du XVIe siècle, comme il auroit parlé à la fin du XVIIIe ? C'est lui ôter le sel de l'expression, la naïveté de la pensée, et le tour négligé de ce langage naturel que rien ne peut remplacer ; c'est costumer à la moderne une belle antique, ou plutôt la mutiler, la dénaturer. En général, en parlant d'Henri IV, on a tant cherché à l'embellir, et on l'a tant défiguré qu'il faut remonter à la source pour le reconnoître. Voilà le motif qui m'a déterminé à publier ces épîtres, et les morceaux politiques qui le concernent.

Les lettres de M. l'abbé *Fléchier*, qu'on trouve à la suite de celles d'Henri IV, m'ont paru ingénieuses ; elles tenoient à des faits particuliers dont on aime à deviner l'explication. On lui sait bon gré de s'intéresser à la gloire d'une jeune actrice, et de se montrer tel qu'il étoit.

M. Fléchier, comme je le dis dans une note, avant que d'être évêque et prédicateur, fut homme : pourroit-on lui faire un crime d'avoir témoigné qu'il étoit sensible ? Le président *Hénault* fit copier ces lettres sur les originaux, et on les a trouvées dans ses cartons.

La lettre qui n'offre pour tout renseignement que la lettre capitale C. à la signature, est celle qui m'a coûté le plus de recherches et de combinaisons. Sa teneur, son sujet bien prononcé m'eurent bientôt démontré qu'elle s'adressoit à milady *Montague;* mais de qui la reçut cette ambassadrice ? J'ai lu toutes ses lettres, et j'ai cru découvrir la solution de ce problème dans la lettre XXX adressée à M. Pope, ou dans la XLIIIe écrite à M. l'abbé ✱✱✱.

Plusieurs motifs m'ont fait pencher pour ce dernier. Le style, la manière italienne, les *concetti*, des tournures qui me sont très-connues, ont paru me prouver que l'abbé *Conti*, noble Vénitien, en étoit l'auteur. Sa lettre est remplie de questions sur des objets physiques, sur le gouvernement turc, sur la croyance des Ottomans, sur leurs moines, etc.

« Vos savantes questions, lui répond mi-
» lady Montague, ont flatté ma vanité; je
» ne suis cependant pas en état de vous

» répondre, quand je saurois autant de mathé-
» matiques qu'Euclide même, il me faudroit
» séjourner un siècle dans ce pays pour faire
» des observations sur *l'air et les vapeurs ;*
» mais je n'y ai pas encore passé un an, et je
» dois bientôt le quitter. Vous ne manquerez
» pas de m'accuser de paresse ou de stupi-
» dité, en voyant que je ne vous fais aucun
» détail sur la Porte Ottomane. Je vous ré-
» ponds à cela qu'il suffit de jeter les yeux
» sur le chevalier Ricault, et on en trouve
» d'assez justes sur les Visirs, sur le gouver-
» nement civil et spirituel : il est facile de se
» procurer des mémoires assez exacts à ce
» sujet : il y a cependant des historiens, Dieu
» sait..... mais chacun a la liberté d'écrire
» ses propres remarques. »

L'abbé Conti avoit particulièrement connu milady Montague dans son séjour en Angleterre ; milady avoit resté quelque temps à Venise, où même elle avoit laissé le manuscrit original de ces lettres. Par des rapprochemens de temps, des liaisons de phrases, et d'autres motifs qui demanderoient de longs développemens, je crois pouvoir assurer que cette lettre est de M. l'abbé *Conti.*

La délicatesse, l'esprit et la gaîté règnent

dans la lettre de que M. de Surgeres écrit à son épouse ; ce mélange de prose et de vers varie le plaisir en même temps que le langage : il n'est rien de plus spirituel que l'épisode de la Nayade. Madame de Surgeres n'avoit point voulu quitter Paris, et suivre son mari à la campagne ; il auroit été bien difficile de lui faire à ce sujet un reproche plus ingénieux. Cette lettre est écrite par un secrétaire de M. Larochefoucault, avec beaucoup de corrections de la main de l'Auteur.

La correspondance des divers savans et gens de lettres avec M. le comte de Caylus, présente différentes sortes d'intérêt ; quoique la partie des antiquités y domine, on ne laisse point que d'y trouver des détails historiques et littéraires dignes d'exciter la curiosité : telles sont les lettres de Voltaire et du comte de Caylus.

Voltaire avoit mis dans la première édition du *Temple du Goût*, quatre vers à l'honneur du Comte, qui avoient paru à ce dernier trop flatteurs : il fut invité à supprimer cet éloge et obéit. C'est le sujet de sa première lettre à Caylus et de la réponse du Comte. La seconde lettre de Voltaire est plus piquante ; on y reconnoît son esprit de critique ordinaire.

Ce que dit M. *Godin*, des haches et du cuivre des anciens Indiens du Pérou, est d'autant plus intéressant, que nous connoissons fort peu les usages de l'Amérique avant sa conquête.

M. *Anquetil - Duperron* sème dans ses lettres cette érudition, cette sensibilité, ce zèle pour les arts, dont il a donné tant de preuves. Une secrète inquiétude se mêle à la douceur de ses jouissances ; il cultive une branche de littérature ingrate : « Il est bien
» consolant pour moi, dit-il, d'arriver à
» Paris avec les manuscrits les plus rares qu'on
» ait jamais vus, de développer les mystères
» de Zoroastre, de découvrir une nouvelle
» histoire, et de ne trouver personne en état
» de juger de mon travail. » Il avoit dit plus haut : « Je me donne bien des peines ; le suc-
» cès semble me favoriser ; voilà qui est beau.
» Un jour la mort m'arrêtera dans ma course ;
» mes veilles pourriront, ou deviendront la
» proie des vers à la Bibliothèque du Roi :
» bel espoir ! »

Les amateurs des antiquités trouveront dans le suisse *Schmidt* cette science profonde et réfléchie qu'on ne peut acquérir de bonne heure que dans la solitude, au milieu des rochers et des montagnes.

Après ces dissertations, qui exigent de la part du Lecteur des études peu communes, on se repose volontiers sur les pensées et les opérations plus familières de M. Mazéas; ses Lettres sont parsemées de réflexions judicieuses. A-t-il à se plaindre d'avoir vu le Comte de Caylus discontinuer ses travaux touchant les peintures anciennes sur les vases? « Il est bien disgracieux, ajoute-t-il, que
» quelques personnes de mauvaise humeur
» s'appliquent à ronger, comme des insectes,
» les productions des autres, et dégoûtent les
» amateurs de se consacrer au progrès des
» arts. Est-il possible que les hommes ne
» s'éleveront jamais au-dessus d'eux-mêmes,
» et qu'ils ne verront le mérite de leurs semblables qu'avec un œil de jalousie? »

Plus loin, son attention se fixe sur la pourpre des anciens; il la compare avec notre écarlate, combat le sentiment des modernes, rassemble des matériaux à l'appui de son opinion, et se dispose à les porter avec lui dans la Basse-Bretagne: c'est-là qu'il va se retrouver avec la belle nature, « si belle partout, dit-il, si digne de nous occuper, et si
» capable d'élever notre âme vers celui qui l'a
» créée. »

Avec quelle décence M. *Monneron* paye son tribut à la curiosité du Comte de Caylus! son attachement pour sa patrie l'a porté à observer les monumens dont il est environné; il félicite le Comte de sa prédilection pour les antiquités gauloises; elles sont, à ses yeux, bien plus intéressantes pour un Français que les étrangères : aussi dès le commencement de sa Lettre, ne manque-t-il point d'annoncer un goût dont le résultat seroit si favorable à la gloire nationale. S'il avoit à donner la description des ouvrages des anciens, il s'attacheroit, par préférence, à ceux qui sont répandus en différens endroits de la France, et desquels on n'a que des notions confuses.

La Lettre de M. de Rochefort forme un contraste piquant avec celles qui la précèdent, et celles qui sont à la suite; le Traducteur d'Homère n'écrit pas comme un autre; il est malade, et se plaint de l'ordonnance des médecins, qui lui prescrivent de rompre avec son poëte : rompre avec Homère, c'est plus que rompre avec sa maîtresse : cependant la fièvre continue; la dissipation seule et l'exercice peuvent le rétablir; ses vœux se bornent à obtenir de M. de Maurepas la permission d'aller dans ses terres essayer sa maladresse sur quelques perdrix.

La tête de M. *Pajonnet*, Prieur d'Alichamps, est pleine de faits, d'écrits et de monumens historiques; M. de Caylus avoit parlé dans son Recueil d'Antiquités, des ruines d'un ancien théâtre près *Néris*; il avoit présumé que ce théâtre avoit été construit pour une ville, dont la ruine auroit vraisemblablement précédé celle de l'Empire romain. Le savant Prieur justifie cette présomption, avec autant d'érudition et de sagacité, que s'il s'agissoit de déterminer le site de l'ancienne Rome.

La destruction de Néris, suivant son opinion, date de l'époque des conquêtes de César dans notre Gaule; il l'attribue ou à la fureur des Gaulois, ou à la politique des Romains. Il seroit difficile d'appuyer son sentiment sur des explications mieux raisonnées et des motifs plus puissans. « Les Gaulois, dit-il, ou-
» trés de la perte de leur liberté, indignés
» de subir le joug romain, se déterminent
» à périr tous les armes à la main, plutôt
» que de survivre à la perte de la gloire que
» que leurs ancêtres avoient acquise. Cette
» résolution se fortifie, à mesure que César

» étend ses conquêtes. Ils délibèrent s'ils brûle-
» ront toutes les villes qu'ils ne peuvent garder;
» on met le feu partout : il est donc possible
» que notre premier Néris ait été sacrifié.
» Peut-être aussi qu'il a été immolé à la po-
» litique des Romains, qui auront jugé sa
» destruction nécessaire; car ces conquérans,
» obsédés de l'esprit de domination, et très-
» avides de conquêtes, mettoient tout en
» usage pour conserver celles qu'ils avoient
» faites. Connoissant donc tout l'intérêt qu'ils
» avoient d'éviter l'affoiblissement de leurs
» armées, ainsi que les dépenses excessives
» toujours occasionnées par des garnisons
» nombreuses, ou trop multipliées, ils ren-
» versoient les murs des villes subjuguées; et
« on peut dire que cette précaution étoit
« nécessaire pour prévenir la rébellion d'une
» ville telle que notre ancien Néris, qui,
» quoique peu considérable par son étendue,
» à en juger par ses ruines, étoit néanmoins
» forte d'assiette ».

La description qu'il fait de la tour ou forteresse qui commandoit cette ancienne ville,
et sa dissertation à ce sujet, donnent la plus
haute idée de l'érudition de ce modeste antiquaire.

Cette lettre est suivie de celle d'un Allemand, dont le langage, les pensées, le style ont quelque chose d'original et de franc qui la distingue des autres. Le Comte de Caylus est attaqué de la goutte ; cet Allemand lui en témoigne ses regrets à sa manière : « Qu'une
» femme, dit-il, soit malade, à la bonne
» heure ; que nombre de ces oisifs, que l'on
» rencontre à chaque pas, s'amusent à souffrir
» pour faire quelque chose, je n'ai pas toujours
» assez d'humanité pour m'en affliger ; mais
» qu'un être utile, aimable, bienfaisant, qui
» sacrifie la moitié de sa vie à s'instruire, et
» l'autre à instruire les hommes, et à leur
» faire du bien, ait les deux mains *entre-*
» *prises* d'une goutte malfaisante, qu'il n'a
» pas méritée, en vérité, cela m'impatiente. »

Il assure qu'on trouve plus de belles et bonnes médailles dans une semaine en Allemagne, qu'en deux mois en Italie ; tout est recherché, suivi, connu dans cette patrie de l'antique ; au lieu qu'en Allemagne, s'il faut l'en croire, il n'y a guère d'amateurs ni de connoisseurs. On ne sauroit lire sans intérêt le portrait qu'il fait des trafiquans italiens d'Antiquités. « J'ai vu, dit-il, dans des villes
» de Lombardie des collections entières,

» appartenant à des propriétaires nobles,
» marchant sous un parasol, deux pistolets
» dans la ceinture, et vous offrant à acheter,
» d'un air menaçant, pour beaucoup de se-
» quins, ce qui valoit à peine autant de
» sous. » Quelquefois une douce sensibilité
fait ressortir chez lui des confidences arides
par elles-mêmes. Le roi de Prusse a vendu
des *Philippe* et des *Alexandre* à une couple
de gros; ce qui fait grand mal, (pour me
servir de ses expressions,) à son cœur antique.
Il auroit mieux aimé que ce prince eût fait
vendre quelques mille mousquets, dont on
ne fait que du mal à son prochain.

Cette Collection est terminée par plusieurs
Lettres de *Calvet*, professeur en médecine,
et célèbre antiquaire d'Avignon. Ce fut, après
le père *Paciaudi*, le correspondant le plus
zélé du Comte de Caylus; ses Lettres présentent beaucoup de détails curieux sur les antiquités du midi de la France. On remarque surtout la XXXVe, où il parle de
celles de Laudun, petit village à trois lieues
d'Avignon. Une inscription l'arrête; il met à
contribution la Mythologie et l'Histoire; il
développe toutes les ressources de son érudition, avance des conjectures; mais il les

accompagne d'une modestie qui l'honore autant que ses vastes connoissances : « Je ne le
» cache point, dit-il, j'ai étudié long-temps
» cette inscription ; j'ai cherché, réfléchi,
» comparé, et malgré mes soins, je n'ai rien
» trouvé qui pût me fournir une explication
» satisfaisante; c'est une énigme capable d'exer-
» cer un OEdipe, quand même il auroit vos
» yeux ou ceux de M. l'abbé Barthélemy. »
Néanmoins ce qu'il dit d'une coutume superstitieuse des femmes de Laudun, de la célébrité du culte des mères ou matrones chez les Gaulois; en un mot, des divinités de cette inscription, prouve qu'il avoit aussi de fort bons yeux ; mais il ne veut rien décider, persuadé que la première loi qu'on doive s'imposer dans l'étude de l'antiquité, c'est de n'adopter aucune explication, qui ne soit prouvée par le témoignage des auteurs, ou autorisée par la comparaison des monumens.

Cette Lettre, ainsi que la plupart de celles de cet antiquaire, mérite d'être placée à côté de celles de son collègue à l'Académie, M. l'abbé *Barthélemy*.

LETTRES

LETTRES INÉDITES D'HENRI IV.

PREMIÈRE LETTRE.

HENRI IV AU ROI ANTHOINE (1).

Mon pere, quand j'ay sçu que Fallesche vous aloit trouver, incontinent je me suis mis à escrire la présente, et vous mander la bonne santé de ma mere, de ma sœur et la mienne : je prie Dieu que la vostre soit encore meilleure.

Votre très-humble et très-obéissant fils,

HENRY.

(1) Ce n'étoit pas mon intention de placer cette Lettre à la tête de ce recueil; mais j'ai suivi le conseil d'un homme fort éclairé. On sera bien aise, m'a-t-il dit, de connoître les premières pensées d'Henri IV.

LETTRE II.

A LA REINE MARGUERITE.

25 Novembre 1594.

Ma mie, depuis peu de jours j'ay donné la charge de mes finances à des gens de bien, j'espere que non seulement moy, mais tous mes serviteurs, recevront de ce costé là tout ce qu'ils se pouvoient promettre, et pour votre particulier, vous trouverés que rien ne manquera à ce que je vous ay promis, et aurés doresnavant autant occasion de vous louer d'eux, que jusques icy vous avez eu de raisons et juste sujet de vous plaindre des manques que vous avés reçeu ; car je ne leur ay rien recommandé avec plus d'affection que ce qui vous concerne, de sorte que pour ce regard vous pouvés avoir l'esprit en repos.

Quant à l'état duquel vous m'avez écrit, j'ai un extrême regret de ce que lors de la réception de la *vôtre* il n'étoit en mon pouvoir d'en disposer; car il y avoit deux ans que celuy à qui il avoit été accordé, en avoit eu lettres scellées, non seulement en cela eussiés-vous connu combien j'affectionne tout ce qui vous peut apporter du contentement, mais eusse été très-aise de gratifier pour l'amour de vous celuy que vous me recommandiés. Sur cette immortelle vérité, après vous avoir bien humblement baisé les mains, je finiray par prier Dieu qu'il vous ait, ma mie, en sa sainte garde.

LETTRE III.

AU COMTE DE SOISSONS.

16 Juin 1595.

Mon cousin, la liberté de votre lettre m'oblige à pareille réponse, pour pronner ce qui ne l'est déjà que trop par vos communs emportemens en toutes choses. C'est que vous estes vous même la cause de vos plaintes, et que je n'en suis que la bute, dont je reçois les ateintes avec autant de regret, qu'il me semble que vous prenez de plaisir à les continuer; car non seulement vous interprétés à faute d'affection ou à autre, ce qui procéde d'abondance, de bonne volonté, et de la rencontre et nature des choses, mais aussi vous voulés que vous et moy payons l'amende, de ce que aucuns des vostres, empruntans votre nom, ont osé entreprendre contre votre honneur et mon service. Je le vous dis à Fontainebleau, et le vous eusse vériffié à Troyes, si vos affaires, comme vostre indisposition qui ne paroissoit point quand je vous laissay à Paris, vous eussent permis de vous y rendre au jour que vous m'aviés promis, ou si le besoin que l'on a bientost après conneu au péril de ma vie, en combattant les ennemis de cette couronne, que les bons habitans de cette ville et mes serviteurs qui y avoient estés reçus par eux avoient de mon service, m'eust donné plus de loisir de séjourner en ladite ville; car j'avois en main autant de moyens que de volonté d'y satisfaire, ainsy que vous eussiez connu par effet icy, si vous y fussiez venu comme vous m'asseurastes lors que vous feriez, et de vous y faire plutost apporter en litiere, ou sur un brancard, que d'y faillir, de quoi je vous ai depuis semons assez souvent, autant pour m'acquitter de ma promesse, et me contenter moy même, que pour vous faire participer à la gloire due à ceux qui m'y assistent, de laquelle vous eussiez reçu plus de consolation que vous n'en trouverez en votre retraite, qui m'a esté aussi désagréable qu'elle est mal fondée, vous ayant donné les moyens, non sans incommoder mes affaires d'accomoder les vostres, pour vous acquitter de ce devoir, auquel je ne puis que je ne me plaigne que vous ayés voulu manquer contre l'espérance, voire asseurance que vous m'en avez donné, plus par opinion que par raison, pour fuir ce que vous dites que vous cherchés, qui est l'esclaircissement des choses passées, et complaire aux autheurs des premieres fautes au lieu d'en rechercher la punition. Or, ce château *traite et voit mes* affaires en cette province s'acheminer si heureusement par la bonté de Dieu, que j'auray bientost achevé ce qui m'y doit retenir; cela fait, je feray un tour à Paris, pour donner bon ordre à ce que les occasions qui sont survenues ne m'ont permis de faire pour mon service et votre regard, en quoi vous connoistrez par effet, si vous m'avés autrefois assisté en mauvaise fortune, comme vous me ramentenez par votre lettre que je vous ai en tout temps plus aimé et mieux traité que ne vous conseillent de publier ceux qui par leurs artifices vous esloignent de moy et des lieux où vostre réputation vous oblige, pour s'en prévaloir à vostre dommage et au mien ; mais si par faute de me croire ils obtiennent l'un, j'espere pourvoir si bien à ce qui me concerne que je les ferai descheoir de l'autre à leur confusion. Cependant je me promets que vous me donnerez occasion par vos actions de vous continuer l'affection que je vous ai toujours porté, chose que je souhaite autant que j'ay toujours fait votre bien, dont les bienfaits et pensions que ma tante votre mere et vous avés reçues et tirez encore journellement de moy qui surpassent tous ceux de mes prédécesseurs, rendent si clair témoignage que vous n'en pouvez douter sans vous faire tort, ny les autres sans malice, non plus que de la bonne volonté de Henry.

LETTRE IV.

AU MÊME.

A Folembray, ce 16 Décembre 1595.

Mon cousin, je n'ai pas attendu vostre conseil pour retirer mon nepveu, le prince de Condé, du lieu où il étoit et l'approcher de moy ; il n'étoit pas aussi fort nécessaire que vous prinsiés la peyne de me ramentenoir de le faire instruire et nourrir en la religion catholique comme vous avez fait par vostre lettre, car vous n'avez deu douter de mon intention sur cela pour estre trop publique et connue par tout le monde. Mais voulez-vous vous acquitter utilement et comme vous devez de l'obligation que vous avés à la mémoire de feu mon cousin le prince de Condé vostre frere, espousez plus vivement que vous ne faites la justice de sa mort, car vous savez que je ne puis plus, comme roy et juge de cette cause, en continuer la poursuite, de laquelle autrement je ne vous eusse cédé le soin, tant je prends de plaisir de faire le bien que les autres se contentent d'écrire. Je prie Dieu, mon cousin, qu'il vous ait en sa sainte garde.

LETTRE V.

A MADAME SA SOEUR.

A Abbeville, 22 Juin 1596.

Par le retour de Rosny, j'ai esté esclaircy de plusieurs choses dont j'étois en doute, et me suis résolu, tant pour vostre bien et repos que pour le mien, de mettre une fin aux affaires qu'il m'a fait entendre de votre part, les établissant par un si bon ordre qu'il n'y ait plus rien qui les puisse alterer ou changer n'y y survenir accident qui autorise les plaintes que vous faites journellement contre moi; mais fasse juger à un chacun que le tort aura toujours esté vostre : pour y parvenir, et affin que la raison et l'équité precede toutes choses, il m'a semblé à propos, en attendant notre première veue, d'assembler à Paris ou à Amiens deux personnes de vostre costé et deux du mien, qui aient une parfaite connoissance de la valeur des biens de nostre maison, lorsqu'ils nous échurent, des dettes qu'il y avoit, et de ce que les coutumes nous en donnent à chacun affin que selon leur rapport et par leur avis, je vous mette incontinent en l'entiere possession et jouissance de votre partage, outre lequel j'userai en votre endroit de telle gratification et libéralité qu'elle vous fera preuve suffisante que j'ai tenu votre amitié beaucoup plus chere que n'avés estimé; vos discours ordinaires et vos lettres demandent incessamment ces effets, et mon ame est très-désireuse de les produire, si le succès en est differé, que la faute en soit imputée à celuy ou celle de nous deux qui en sera cause : quand à moy, je vous propose la voye la plus douce et la plus facile à mon avis, si vous en savés une meilleure, je suis tout prest de la recevoir, vous priant de faire élection du lieu et des personnes, et m'en rendre certain par ce porteur, afin que je fasse le semblable; Rosny m'a asseuré que ces choses étant faites, vous estiés toute resolue à l'accomplissement des autres qu'il vous a proposés de ma part : continués en ceste volonté, particulierement touchant vostre mariage avec mon cousin de Monpensier, et vous assurés que je seray toujours conforme à vos desirs, le mien estant principalement de vous voir heureuse et contente, et que nous vivions en parfaite amitié ensemble ; voilà le fond de mon intention ; ayés-la agréable , et m'aimez comme je vous aime. Bonjour, ma sœur; je vous baise mille fois les mains.

LETTRE VI.
AU COMTE DE SOISSONS.

Au camp devant Amiens, le 29 Juillet 1597.

Mon cousin, cette ville s'étant perdue par la faute d'autruy, je n'ay laissé d'y accourir, et d'engager ma personne à la reprise avec les gens de bien qui m'y assistent, à quoi j'ay donné tel avancement que j'espere que Dieu m'en donnera issue, ce que je desire, autant pour conserver aux François la France en son entier, que pour mon intérest particulier. C'est chose incroyable des ouvrages que nous y avons faites; nos capitaines et soldats y ont travaillé à l'envie l'un de l'autre, animés de ma présence, ou du desir de recouvrer ce vol fait à leur patrie par le plus grand ennemi d'icelle, lequel de son costé fait toutes sortes d'efforts pour conserver sa proye, depuis laquelle il dévore en espérance l'usurpation ou ruyne de ce royaume. Lequel sans doute il eut grandement endommagé, si depuis il n'eust esté resserré et tenu en bride comme il a esté, en quoy j'ay esté si bien servy, sous la conduite de mon cousin le maréchal de Biron, en mon absence, que les larrons occupateurs d'icelle n'ont pu enlever leur butin, ny quasi eu profiter. Mais maintenant qu'ils nous voyent heurter à bon escient à leurs portes, et à la veille d'estre maistres de leur contrescarpe, le cardinal assemble ses forces de toutes parts pour me venir combattre ou me contraindre de me retirer, j'ai bien plus grande envye de l'un que de l'autre ; vous savez quelle est mon humeur en cela, mon cousin, car vous m'avez vu en besogne ; mais d'autant qu'il s'agit du salut d'un estat auquel vous estes après moy des plus intéressés, que pour m'estre si proche que vous estes et vous affectionner comme je fais, je veux avoir soin de votre réputation, j'ai bien voulu vous avertir de cette occasion par ce porteur que je vous envoye exprès, et sur ce vous prier de me venir trouver incontinent que vous aurez receu la présente, avec le plus grand nombre de vos voisins et serviteurs, mes sujets, que vous pourrez assembler pour me assister, et participer à la gloire que j'espere que nous acquerrons tous, favorisés de la grace de Dieu et de la justice de notre cause, vous asseurant que vous serez le très-bien venu. Je vous estime si jaloux de votre honneur et si affectionné à notre patrie que vous surmonterés toutes sortes d'incommodités et difficultés pour me contenter et servir en cette necessité, vous conviant comme je fais, et m'ayant toujours fait dire que quand il s'en présenteroit une d'importance, telle qu'est celle-cy, y estant appellé vous ne seriez des derniers à vous y présenter pour y servir. Acquittez-vous donc de votre promesse, et vous vous acquitterez de votre devoir, auquel vous ne pouvez deffaillir sans deffaillir à vous mesme et que je n'en sois très-marry, autant pour votre considération que pour mon service. Je prie Dieu qu'il vous tienne, mon cousin, en sa sainte et digne garde.

LETTRE VII.

RÉPONSE DU COMTE DE SOISSONS.

SIRE,

Je vous remercie très-humblement de l'honneur qu'il vous plait de me faire de vous souvenir de moy, et de me commander de me trouver au siege d'Amiens. Ceux qui ont asseuré vostre majesté du desir que j'ay de vous faire service en pareilles occasions ne vous ont point trompé, n'ayant jamais eu rien en plus grande recommandation d'y employer ma vie pour mériter l'honneur de vos bonnes graces; si je pensois la finir d'autre façon qu'en cette sorte j'aurois regret de vivre, m'estimant trop malheureux comme je fais de voir ma mauvaise fortune m'empescher de vous faire connoistre mon affection, laquelle, lorsqu'il plaira à vostre majesté, Sire, favoriser des moyens de la pouvoir honorablement servir, je vous supplie très-humblement de croire que personne de vostre royaume ne m'avancera en diligence d'y apporter tout ce que je vous dois.

Charles de Bourbon.

DISCOURS DU ROI
A MESSIEURS DU PARLEMENT,

1597, à Paris.

MESSIEURS,

Ce n'est pas seulement le soin de pourvoir à ma santé qui m'a fait revenir de la frontiere de Picardie, mais bien pour exciter un chacun de pourvoir aux nécessités qui paroissent, estimant que nul ne pouvoit, ny mieux, ny avec plus de force représenter le mal, et procurer les remèdes. Vous avez par votre piété secouru l'année passée infinis pauvres sousfreteux qui estoient dans vostre ville, je vous viens vous demander l'aumosne pour ceux que j'ay laissé sur la frontiere; vous avez secoureu des personnes qui estoient dans les rües sur des tabliers, ou accagnardés près d'un feu, je vous demande l'aumosne pour des gens qui ont servi, qui servent nuit et jour, et employent leur vie pour nous tenir en repos. Je desire, messieurs, qu'on tienne une assemblée générale en cette ville, mardy prochain, affin que comme autrefois en pareilles occasions on a fait un effort pour secourir l'estat, qui n'estoit si foible, ny si allanguy qu'il est aprésent (et par conséquent sa chutte plus aisée), chacun contribue à ce besoin. J'ay esté sur la frontiere, j'ai fait ce que j'ay pu pour asseurer les peuples; j'ay trouvé, y arrivant, que ceux de Beauvais s'en revenoient en cette ville, ceux des environs d'Amiens à Beauvais; j'ay encouragé ceux du plat pays, j'ay fait fortifier leurs clochers, et faut que je vous dise, messieurs, que les oyant crier à mon arrivée : vive le Roi, ce m'estoit autant de coups de poignard dans le sein, voyant que je serois contraint de les abandonner au premier jour. Il n'y fist jamais plus beau sur la frontiere, nos gens de guerre pleins de courage et d'ardeur; le peuple mesme qui est entre Amiens et Dorlan, plus voisins des ennemis, plus résollus de s'opposer à leurs armées. Nous avons des nécessités, nos ennemis n'en sont pas exempts, c'est chose que nous avons aprins par leurs lettres mesme; ils n'ont encore eu moyen de jetter des hommes dans Amiens, et ce m'est un regret incroyable de voir laisser perdre tant de belles occasions. J'ay tauté des entreprises, nous qui avons aporté tout ce qui estoit des hommes ; Dieu ne l'a pas voulu, il a fallut subir à son ordonnance, encore est-ce beaucoup d'avoir essayé à les exécuter, et beaucoup de terreur à nos ennemis de l'avoir osé entreprendre. Messieurs, je feray ma diette à Saint Germain, sans qu'elle m'empesche d'entendre les affaires générales, mais bien les particulieres à quoy on n'a que trop songé. Je vous prie, assemblés-vous, car si on me donne une armée, j'apporteray gayement ma vie pour vous sauver et relever l'estat, sinon il faudra que je recherche des occasions en me perdant, donner ma vie avec honneur, aymant mieux faillir à l'estat que si l'estat me failloit : j'ai assés de courage et de résolution et pour l'un *et pour l'autre*.

A MESSIEURS DU PARLEMENT.

21 Mai 1597.

Ce m'est un extresme déplesir, messieurs, que la premiere foys que je suys venu an mon parlemant ce soyt esté pour le sujet quy m'y mene, j'euse bien plus desyré y venyr tenyr mon lit de justice, vous ramantenoir vos devoyrs, vous recommander en l'admynystratyon d'ycelle vos concyence et la myenne; mays le malheur du tamps ne l'a pas voullu permettre, je suys donques esté poussé de venir icy par vos longueurs, vos opygnatretés et vos desobeyssances, et an quoy pour le salut de l'estat, duquel je vous ay fait voir le peryl emynant, quy toutesfoys ne vous a emeu; or, je suis poussé de telle patyon à la conservatyon d'yceluy, qu'elle me feroyt peut estre parler avec plus d'egreur, non que je devroys, mays que la corruptyon du syecle ne le requyert, quy me fayt tayre et commander à mon chancelyer de vous fayre antandre plus amplement mes volontés.

LETTRE VIII.

A M. LE COMTE DE SOISSONS.

Au camp devant Amiens, le 29 Août 1597.

Mon cousin, vous aurez encore de moy cette recharge sur la venue du cardinal d'Autriche avec son armée pour secourir cette ville qui est aux aboys, dont jay avis certain par ses propres lettres et de plusieurs autres endroits, pour de rechef vous prier et convier me venir aider, non à prendre ladite ville d'Amiens seulement, mais à deffendre toute la France ensemble, le salut de laquelle dépend de l'événement de ce siege : la nature vous y oblige d'y accourir, vous y ayant donné le lieu et rang que vous y tenez. Je vous y appelle aussi comme votre Roy pour le service que je sçay que vous m'y pouvez faire, et vous y desire comme votre ami pour le soin que j'ay de votre réputation ; car il me semble que vous ne pourriez estre ailleurs dignement durant ces occasions, au contraire y venant vous pouvez m'y servir honorablement et utilement avec vostre patrie et vous mesmes, qui sont les deux conditions avec lesquelles j'ai aprins par votre lettre, apportée par Champeron, que vous voulez parler de votre maison, pour desquelles vous faire jouir : croyez que j'y adjouteray encore tout ce que vous pouvez desirer d'un prince qui vous saura gré du devoir auquel vous vous serez mis de le contenter et obéir. Venez donc, je vous prie, et amenez avec le plus grand nombre de vos amis et voisins que vous pourrez assembler, afin qu'ils évitent le blasme qu'à bon droit mériteroient ceux qui, mal conseillés, auroient abandonné leur prince et pays en cette nécessité publique. A dieu, mon cousin, lequel je prie vous avoir en sa garde.

RÉPONSE DU ROI

A LA HARANGUE DE M. L'ÉVÊQUE DE TOURS.

(27 Septembre 1598.)

A la vérité, je reconnois que ce que vous avés dit est veritable ; je ne suis point auteur de innovation, les maux estoient introduits auparavant que je fusse venu. Pendant la guerre j'ay couru où le feu estoit plus allumé pour l'estouffer ; maintenant que la paix est venue, je feray ce que je dois faire en temps de paix. Je sais que la religion et la justice sont les colonnes et fondemens de ce royaume qui se conservent de justice et de piété, et quand elles ne seroient je les y voudrois établir ; mais pied à pied, comme je ferai en toutes choses. Je feray en sorte Dieu aidant que l'église sera aussi bien qu'elle estoit il y a cent ans. J'espere en décharger ma conscience et vous donner contentement ; cela se fera petit, à petit: Paris ne fust pas fait en un jour : faites par vos bons exemples que le peuple soit autant excité à bien faire, comme il en a esté par cy-devant esloigné. Vous m'avés exhorté de mon devoir, je vous exhorte du vostre; faisons bien vous et moy, allés par un chemin et moy par l'autre, et si nous nous rencontrons ce sera bientost fait. Mes prédécesseurs vous ont donné des paroles avec beaucoup d'apparat, et moy avec jaquette grise je vous donneray les effets : je n'ay qu'une jaquette grise, je suis gris par déhors, mais tout doré andedans.

LETTRE IX.

A LA DUCHESSE DE BEAUFORT.

Rennes, 14 Mai.

Mes cheres amours, le pouvoir de votre fyls a esté véryfyé avec un extreme aplaudysemant; un conseyller qui en a esté le raporteur a tryonfé, comme aussi l'advocat qui a déclamé en sa faveur : je vous an dyray des particularytés qui ne vous déplayront pas. Guychard est venu, quy m'a aporté des nouvelles de mes ouvrages, tant charnels que de pyerre; tout se porte bien, Dieu mercy. Il faut que je vous dye que jamais Roy n'eut les cœurs des bretons comme moy, et vous asseure que je les leseray bien aquys au capitaine Vandome. M. de Sourdeac vous a amené une très-belle haquenée, et m'an donne une qui sera aussy pour vous. Je manvoys dyre adieu à ces dames, car il me faut partyr de mayn, grant matyn. Quelle joye de pancer vous voyr dans trois jours ! et mon menon que je cheryré, vous. L'on me veut faire peur du chemyn que je tremeré d'ycy à Laval; mays ils sont bien trompés, car pour aller à vous, je ne cours pas, je volle. Vous n'aurez plus de moy qu'une lettre. Bon jour, mon tout; je bese vous un mylyon de foys.

LETTRE X.
A LA MÊME.

1599.

Je vous escris, mes cheres amours, des piets de votre peynture, que j'adore seulement pour ce qu'elle est fayte pour vous, non qu'elle vous ressemble : j'an puys être juge compétant, vous ayant peynte an toute perfection dans mon ame, dans mon cœur, dans mes yeux.

LETTRE XI.

A GABRIELLE D'ESTRÉES (1).

21 Avril.

Je n'eus point hier de vos nouvelles; je ne sçai à quoi il a tenu; si vous respectates le jour de pasques, je ne l'ai pas fait, si c'est parresse vous avez tort: il est midy et je n'en ay point encore; c'est bien loing de l'assurance que vos parolles m'avoient donnée de vous voir à nuit; quand apprendrez-vous à tenir chere notre foy; je n'en fais pas ainsi de mes promesses; la Roysnie est venue ce matin devant mon réveil, soudain sans besoin j'ay prins medecine, de quoy je me trouve si mal que je n'en puis plus, qui me fait finir vous jurant que je vous veux bien mal, et ne baisant que votre belle bouche, encore m'en feray prier.

(1) Ces Lettres sont véritablement de Henri IV, et sont fort curieuses, quoique copiées sur des copies, parce qu'excepté la onzième, qui est imprimée; l'original des autres ne se trouve point.

LETTRE XII.

A LA MÊME.

23 Juin.

Mes belles amours, vous avez cuydé perdre votre serviteur, depuis le partemant d'Estenay d'un coup de fauquon; je n'estimois ces pièces dangereuses qu'à Vernon; vrayement Dieu m'a bien aidé; j'ai trouvé, il n'y a qu'une heure, un moyen de faire achever votre vaisselle; voilà comme je suis soigneux de vous, cependant que la moindre chose me distrait de votre mémoire : si je n'avois fait serment de ne me plaindre jamais, je sus que je crierois justement : je viens d'avoir des nouvelles de Dauphiné, que Mr. de Lesdiguieres a défait les Espagnols et Italiens de Mr. de Sardaigne, tué le général des Espagnols et le maréchal de camp, et six cents demeurez à terre et six vingt prisonniers, dont il y a quinze capitaines ; vous dirés cette nouvelle à ma sœur, et que je la baise cent mille fois, et à vous les pieds un million.

LETTRE XIII.
A LA MÊME.
25 Juin.

Je viens de revenir des tranchées, où nous avons triomphé de travailler, nous estant logés dans tous les bastions, jusques au tapeur de la porte, fortement et sûrement : j'espere jeudy dîner dans la ville avec l'aide de Dieu. La compagnie de M. Détrée, étoit de garde au bastion; certes, le lieutenant et l'enseigne, sont de pauvres prebstres, et ne sont point de ceux qui menent bien harquebuziers. Les ennemis ont tant perdu de gens qu'ils nous ont laissé faire au pays tout ce que nous avons voulu. Il est mardy, il n'y a plus que huit jours à avoir l'honneur de vous voir ; je ne le desiray jamais tant, n'ayant jamais éprouvé mon amour si violente que je fais; je vous jure mes cheres amours, que si vous voyez ce que j'ay en l'ame pour vous, vous partiriez des samedi. Je m'en vais dormir y ayant deux fois vingt-quatre heures que je n'ay clos l'œil. Je finis vous baisant un million de fois les mains, l'enseigne de Grand-maison n'est guere blessé, je l'ay veu : bon jour mon menon.

LETTRE XIV.

A LA MÊME.

16 Avril.

JE m'en vais dîner à Mantes, et reviendray coucher ici, puis demain j'y irai du tout. Sanneterre n'est point venu, dequoi je suis en peine; je vous manderay force nouvelles par la Varenne que je vous depescheray demain; vrayement ma venue étoit nécessaire en ce pays, si elle ne fus jamais en lieu. Ne faillés mes cheres amours, à venir au jour que m'avez promis; plus je vais en avant et moins je m'accoutume à supporter l'absence: vous m'avés, je le confesse, plus charmé que je ne le fus jamais; excusés si n'avés que ce mot pour aujourd'huy, et aimés vostre sujet comme vos yeux; certes je vous adore avec extrême passion et fidélité. Bon jour chere maîtresse; je te baise un million de fois les pieds.

LETTRE XV.
A LA MÊME.

10 Février.

JE ne sçay dequel charme vous avez usé; mais je ne supportois point les autres absences avec tant d'impatience que celle-cy. Il me semble qu'il y a déjà un siècle que je suis éloigné de vous; vous n'aurez que faire de soliciter mon retour; je n'ay artere ni muscle qui à chaque moment ne me représente l'heure de vous voir, et ne me fasse sentir du déplaisir de vostre absence; croyés ma chere souveraine que l'amour ne me violenta jamais tant qu'il fait : j'avoue avoir tout sujet de m'y laisser mener, aussi le fay-je avec une naïveté qui témoigne la réalité de mon affection; parce que je m'assure que vous n'en doutez pas. Je finiray ce discours, pour en commencer un autre, qui est que nos dames ont bien couru fortune, et ont bien ressenti des incommodités de la guerre: votre tante vous en écrit, a qui le parentage de mon bel ange servit fort, j'y fis ce que je devois; je monte à cheval, et vais dîner à Boisjency. Si Mr. de Guise est party d'Orléans, demain nous nous verrons. Mon tout aymés moi fort, je te jure mes belles amours, qu'en tout mon voyage mes yeux ne verront qu'autant qu'il faudra pour raconter ce qui sera par où je passeray, ce voyage retardera mon retour de trois jours. Bon jour ma souveraine, je baise un million de fois vos belles mains.

LETTRE XVI.

A LA MÊME.

A St.-Denis, 12 Juillet.

Ma maîtresse, je suis arrivé à trois heures en ce lieu, n'ayant appris nulles nouvelles de celui que je venois chercher. Gyvry est allé pour en apprendre. L'on ne parle ici que de cette beauté nouvelle; ma présence étoit fort nécessaire en ce lieu : je m'en vais disner et puis dormir, mais je vous paye premier ce tribut; car vous marchés la première en toutes mes passions : certes mes cheres amours, vous devés plutost craindre que je vous aime trop, que trop peu; cette faute vous est agréable et à moy aussi, puisqu'elle le vous est : voilà comme je me transforme en toutes vos volontés; n'est-ce pas pour estre aimé, aussi croy-je que vous le faites; et l'ame contente de ce costé-là, je finis vous baisant un million de fois les mains.

LETTRE XVII.
A LA MÊME.

9 Février.

Mon bel ange, pour ce que j'arrivay à ce soir à dix heures, l'on ne sceut despescher nostre fait de Dargouge, dès l'aube du jour tout a été expédié : comme je voulois me lever pour vous écrire, il s'en est présenté un beau sujet; c'est que Mr. de Guise est arrivé à Orléans, avec des forces pour secourir le Bourg-Dieu, ce qu'il peut faire devant que le terme de la capitulation soit expiré : je monte à cheval tout à cette heure, pour aller secourir Montigny, et espere que par ma diligence je regagneray l'avance que mes ennemis ont plus que moy. Le cœur me dis que nous ferons quelque chose de bon. Vous sçaurez tous les jours de mes nouvelles, que je sçache des votres, particulièrement de votre santé. Je ne party jamais d'avec vous plus triste et plus constant; tenés pour constant (puisqu'ainsi parle le siècle), que mon amour ne peut recevoir d'altération par quoy que ce soit, fors d'un rival. Mandez-moi comme l'on vous aura recueilly à Mantes; je suis et seray, jusques au tombeau, votre fidel esclave; je vous baise un million de fois les mains.

LETTRE XVIII.
A LA MÊME.

17 Février.

Mon malheur de ne savoir point de vos nouvelles continue, qui me fais vous envoyer Lafond en diligence, craignant qu'il ne vous soit arrivé quelque accident; renvoyez-le moi promptement, mes cheres amours, je vous supplie; il m'a promit d'être plus diligent, que lorsque je le despeschay d'Espernay. Je part demain, et seray à Tours Dimanche, s'il plaist à Dieu. Le voyage de Berry a retardé de huit jours mon retour, j'espere qu'il n'arrivera plus d'incident notable qui me retarde. Le desir extrême que j'ai de vous revoir, me fera passer par dessus infinies occasions qui naissent à tous moments. Je n'ay failly un seul jour à vous dépescher un laquais; mon amour me rend aussi jaloux de mon devoir que de votre bonne grace, qui est mon unique trésor, croyez-le mon bel ange, et que j'en estime autant la possession, que l'honneur d'une douzaine de batailles; soyez glorieuse de m'avoir vaincu, moy qui ne le fut jamais tout à plat que de vous, à qui je baise un million de fois les pieds.

LETTRE XIX.

A LA MÊME.

16 Juin.

J'ay patienté un jour de n'avoir point de vos nouvelles ; car mesurant le temps cela devoit être, mais le second, je n'en voy raison que la paresse de mes laquais, ou que les ennemis les ayent pris; car de vous en attribuer la coulpe, je n'advienne mon bel ange, j'ay trop de certitude de votre affection, qui m'est certes bien deue, car jamais mon amour ne fut plus grande, ny ma passion plus violente, qui me fait user de cette redite par toutes mes lettres. Venez, venez venez mes cheres amours, honorer de votre présence, celuy qui, s'il étoit libre, iroit de mille lieues se jetter à vos pieds pour n'en bouger. Quand à nos affaires d'icy, nous avons osté l'eau du fossé, mais notre batterie ne peut estre preste que vendredy, que je souperay, s'il plaît à Dieu, dans la ville. Le landemin que vous arriverez à Mantes, ma sœur viendra à Anet, où j'auray l'honneur de vous voir tous les jours. Je vous envoye un bouquet d'oranger que l'on me vient d'envoyer; je baise les mains à la vicomtesse, si elle y est, et à ma vraye amye, et à vous mes cheres amours un million de fois les pieds.

LETTRE XX.

A LA MÊME.

26 Juin.

J'ay reçeu la lettre qu'il vous a pleu m'escrire du 23 de ce mois : je vous cuyday à St.-Denis, mais le commandement de votre pere vous a retenu. Je suis très-aise que vous soyés bien avec lui : vous ne me reprocherés plus qu'il vous vueille mal à mon occasion. Nous combattons icy à la barriere, mais elle est plus dangereuse que celle de Compiegne : nous ne laissons pas d'y avoir des dames ; vous dites que si aucune de vos lettres m'a du apporter du déplaisir, que sçaura esté cette dernière. Vous sçavez bien la résolution que j'ay prinse de ne me plaindre plus ; j'en prends une autre de ne me fâcher plus : la premiere me fait m'importuner plus personne ; la seconde soulagera fort mon esprit. J'arrivay au point du jour à Mantes, dormy trois heures l'après dînée, et en reparty à cinq heures du matin. Ce n'est pas pour y avoir perdu beaucoup de temps : je ne pris point un jour pour l'autre; mais l'entreprise de Meulan me fit avancer, non autre chose. J'ay esté toute cette nuit en garde et y seray encore à nuit. Je m'en vais dormir accablé de sommeil; je baise un million de fois vos mains.

LETTRE XXI.
A LA MÊME.

23 Juillet.

J'arrivay à soir de bonne heure, et plus importuné de Dieu gards jusques à mon coucher. Nous croyons la trève, et qu'elle se doit conclure aujourd'huy, pour moy je suis à l'endroit des ligueurs de l'Ordre de St.-Thomas, je commence ce matin à parler aux évêques, outre ceux que vous manday hier. Je vous envoye cinquante harquebusiers, qui valent bien des cuiraces. L'espérance que j'ay de vous voir demain, retient ma main de vous faire plus long discours, ce sera dimanche que je feray le saux périlleux. A l'heure que je vous écris, j'ay cent importuns sur les épaules qui me feront baïr St.-Denis, comme vous faites Mantes. Bon jour mon cœur, venez demain de bonne heure, car il me semble déjà qu'il y a un an que je ne vous ay veue. Je baise un million de fois les belles mains de mon ange et la bouche de ma chere maîtresse.

LETTRE XXII.

A LA MÊME.

15 Avril.

Ha! que je feus affligé à soir, quand je ne treuvay plus le sujet qui me faisoit trouver le veiller si doux, milles sortes de delices se représentoient devant moi, tant de singulieres raretez. Bref, j'estois plus enchanté, que ce magicien ne vous a fait trouver votre cassette ; certes, belles amours, vous estes admirable : mais pourquoy vous loué-je? cette gloire vous a rendu infidelle jusques-ici, et la counoissance de ma passion, que la vérité de ces belles paroles proférées avec tant de douceur sur le pied de vostre lit, mardy la nuit fermante, m'oste toutes mes vieilles et invetérées opinions. Je remarque le lieu et le temps pour vous montrer combien je les ay gravées en ma mémoire, et pour vous en rafraischir le souvenir. Je monte à cheval pour aller coucher à Meulan ; je ne sçay encore si j'iray à Mantes, bien que sa voisine en soit partie, demain je vous demanderay la certitude. Pour fin, je vous diray que le déplaisir de vous laisser m'a saisi si tellement le cœur que j'en ay cuidé mourir toute cette nuit, et me treuve encore bien mal qui me fait achever plutost que je ne désireroit cette lettre, en vous baisant un million de fois les mains.

LETTRE XXIII.

A LA MÊME.

15 Avril.

L'autre lettre ne faisoit qu'achever de se fermer lorsque Courthan est arrivé : je ne l'ay voulu mener plus loin. Je seray très-aise que voyés celui de quy vous pouvez apprendre des nouvelles ; mais que cela ne me retarde point l'heure de vostre présence. J'attendrai ce que vous aurez appris avec impatience, mais non telle que vostre venue, que je vous supplie ne vouloir différer. Vous écrivant, m'est venu avis que trois cents chevaux de Rouan sont arrivés à Pontoise, qui viennent audevant de Villars ; je n'en ay que deux cents, mais je m'en voy passer à la vue de la ville pour voir s'ils veulent se battre, et s'ils le font je donneray un coup de pistolet pour l'amour de vous. Bonjour mes cheres amours ; je te baise un million de fois les mains.

LETTRE XXIV.

A LA MÊME.

Mon bel ange, nous serons dans une heure d'accord avec ceux du chasteau. Il m'a fallu reveiller deux heures après estre arrivé pour dépescher cette affaire : j'en suis mort de sommeil et m'envais rendormyr, mais devant, je vous ay voulu rendre ce devoir. Aussi vous diray-je que Videville est à vous, je le vous donne et vous l'y meneray dans quatre jours. J'ai trouvé aussi moyen de faire quelque chose pour vous, que je vous diray tantost. Aimés vostre sujet, ma chere maistresse, car il vous adore avec idolatrie, et vous donne le bon jour, vous baisant un million de fois les pieds. Que je sache de vos nouvelles devant vous voir.

LETTRE XXV.

A LA MÊME.

21 Mai.

Ces vers vous représenteront mieux ma condition et plus agréablement que ne feroit la prose. Je les ay dictés non arrengez. Nous prismes à soir force cornils au parc, avec beaucoup de plaisir. Je m'en voy aux promenoirs voir les lieux qui seront dignes de vous y souhaiter, je dis spécialement, car généralement je vous souhaite partout où le devoir et le destin me mènent. Soyés de retour demain je vous supplie, et croyés que je mangerois plus volontiers des cornils que vous rapporterez de Bene que de ceux de ce lieu. Faites mes recommandations à votre tante ; aymés vostre sujet qui n'adorera que vous, il le vous jure, mes cheres amours. Je reçeus vostre lettre à soir, et attend Sanneterre en bonne dévotion. Bon jour mon tout, tenant vos promesses vous estes la plus heureuse femme du monde. Je baise vos beaux yeux un million de fois.

LETTRE XXVI.

A LA MÊME.

19 Avril.

Ce soir, tout tard, un de mes laquais revint par lequel vous m'asseurez de ne manquer point à vostre venue, comme vous me l'avez promis, m'a esté une extreme consolation aux travaux que j'ay icy; mais le porteur m'a dit de plus, de bouche, que ne partiriez que mardy, cela me tua craignant vos longueurs: excusez ma passion si je crains tout de vous, mon bel ange. La dépesche de la Varanne vous aura fait haster à mon avis, je sus que je vous verray après demain. Quelle joie! Certes, mes discours sont bien coupez, aussi l'est mon ame, ne l'ayant, hormis en mon amour, jamais eüe plus traversée. Madame de Guise et sa fille viennent voir ma sœur un de ces jours; madame de la Rothe revient aussi, que je ne verray que ne soyez venue. Croyez, ma chere maistresse, qu'en ce qui dépendra de l'obéissance de vos commandemens, vous me trouverez sans reproches. Cette lettre vous trouvera vers

Chambly. Le bruit court icy que M. de Montmorency s'est marié à une demoiselle de Languedoc, je n'en ai point eu de nouvelles; si cela est il y en aura bien de faschés en ce pays: vous m'entendez bien ? Dormiez bien, mes belles amours, afin d'estre grasse et fraische à vostre arrivée: pour moi j'en fais promission. Bon jour mon tout ; je baise un milion de fois vos beaux yeux.

LETTRE XXVII.

A LA MÊME.

20 Avril.

Mes belles amours, ce sera demain que je baiserai tes belles mains par millions de fois; je ressens déjà du soulagement en mes peines par l'approche d'une telle heure, que je tiens chere comme ma vie, mais si vous le retardez d'un jour seulement: je mourray. Enveyez-moi à nuit la Varene instruit de vos commandemens. J'ay recouvert un cœur de diamant qui vous fera mourir d'envie; si les anges portoient des bagues il vous seroit extremement propre. Jamais absence ne m'a tant ennuyé que celle-cy. Passer le mois d'avril absent de sa maistresse c'est ne vivre pas. Vous recevrez deux lettres à nuit de moy, et moy deux baisers demain de vous. Bonjour, ma chere maistresse; je baise un million de fois vos pieds.

LETTRE XXVIII.

Mon beau et cher maistre, je pensoy dès hier vous envoyer le fidel, cet homme nous mena jusques à la nuit à la fortification, d'où revint moitié mort et ne put jamais tenir la plume; vous en auriez eu pitié si vous l'eussiez veu, je le vous jure, et que vous n'eustes jamais tant d'occasion d'estre contente que à cette heure. Croyez à mes parolles qui ne vous tromperont, je le vous jure, et que je serai éternellement le plus fidel de tout ce qu'estimerés jamais à vous : sur cette vérité je vous baise les mains.

LETTRE XXIX (1).

Je ne puis demeurer davantage en l'impatience en laquelle m'a mis votre derniere lettre, sans vous témoigner combien je ressens l'offense que vous m'avés faite d'avoir voulu croire que je favorisasse quelque autre en lui montrant de vos lettres, et seroit-il possible, Roger, que si légerement vous ayés plutost ajouté foy à quelques artificieuses paroles de mes ennemis, qu'à tant et tant de véritables que je vous ay proférées de ma bouche, et si certainement témoignées par des effets, dont, si vous n'estes plus incrédule que les payens mesme, vous n'en sauriés douter et moins m'accuser d'avoir comis telle faute, laquelle si je l'avois seulement pensé, je ne voudrois autre grace que celle que j'aurois méritée, de demander à Dieu toutes les punitions qui sont en sa puissance, et qu'il promet aux infidels, du rang desquels je ne desir que vous soyez, ny que vous

(1) La première de ces Lettres est de Mlle de Guise, ou de la belle Gabrielle, au grand Ecuyer de Bellegarde.

continuyez à estre si prompt de vous résoudre à ne plus écrire. Vous dites pour excuse que vous estiez piqué, je le crois vraiment, mais c'est de la courante, car onques puis vous n'avés laissé de danser. J'espere que vous vous en lasserez plutost que je ne feray de vous servir, et de surmonter par mes bons offices tous les maux que l'on vous a voulu faire depuis un temps en ce lieu, qui vous est si préjudiciable que je differe mesme de les vous dire, estimant mieux que vous les appreniez d'autre que de moy, qui vous en diray toutesfois les particularités lorsqu'il me sera possible de vous voir, dont je ne vous puis promettre le temps. Tous mes parens arrivent cette semaine icy; mais bien vous assureray-je que si ma vie pouvoit servir à l'abréger je la tiendrois pour bien employée; vous pouvez de vostre costé y apporter de la facilité, persuadant à madame de Rez de s'approcher; je ne vous diray point que vous le devez, car je m'assure que votre affection vous le ramentoit assés. Je vous envoye une lettre par elle, que vous voirés s'il vous plait, et m'en renvoyrez réponse avec de vos nouvelles plus soigneusement que n'avez fait, d'autant que si vous pensiés récompenser la violence de mon affection par des négligences vous vous tromperiez, car il faut beaucoup de soin qui égale mes peines que je ne me plains point, mon beau Roger, lorsque je me persuade que je les souffre justement, et que vous mesme de tout vostre cœur, comme seul vous possédez le le mien, croyés moy, afin de mériter d'estre cru; mais amendez vous donc, et que les vanités présentes ne vous fassent rien négliger des absentes, qui ne sont pas si courtoyses de leur vouloir rien céder; j'entends de ce qu'ils leur est si bien acquis, comme je me promets de vos passions et de votre amour, qui sera donc s'il vous plait à moy seule réservée, et non à ces belles grandes gorges, plus pleines d'os que de chair, à quy je ne porte point d'envie; mais ouy bien de ce qu'elles jouissent de votre présence, qui me seroit mille fois plus chere que mon propre salut. C'est trop vous le dire pour si bien le ressentir; il faut donc mieux que je finisse en vous baisant les mains, mon cher Roger, que j'aime plus que ma vie.

LETTRE XXX.
MADAME SA SOEUR.

22 Juin.

Si j'eusse pu avoir la permission, ma belle et chere sœur, de vous envoyer un laquais je ne vous eusse donné la peine de lire trois de mes lettres ; cette derniere sera toujours pour vous supplier me conserver l'honneur que m'avez fait de me reconnoistre pour vostre très-humble et plus fidel serviteur. Croyez, ma chere sœur, que je suis au désespoir de n'avoir la liberté de pouvoir envoyer savoir de vos nouvelles ; vous en sçaurez du brave et par celle qu'il vous écrit. Nous vivons en une continuelle inquiétude attendant l'honneur de votre présence. Le Roy vint hier au soir en ce lieu, en intention d'attraper les ennemis sur une entreprise qu'ils avoient bastie. Il part demain matin pour s'en retourner, si vostre arrivée ne le retarde, ce que je desirerois extremement. Il me semble que je suis en un désert passant par votre logis, où j'ai reçu tant d'honneur de vous y voir. Je baise cent mille fois le petit pied, et vous supplie d'aimer toujours vostre très-humble serviteur.

LETTRE XXXI.

A LA DUCHESSE DE BEAUFORT (1).

Mon ame, c'est avec un extreme regret qu'il faut que je vous dise que je ne vous puis voir ce soir; l'accident de la mort de monsieur d'Espernon en est cause; car comme le Roy en a reçu la nouvelle il me commande de me trouver ce soir à son coucher. Vous ne doutez point, mon cœur, que de cela ne dépende ma fortune, ou jamais il ne faut que je l'espere; c'est pourquoy, mon seul bien, ne trouvez point mauvais si pour ce soir je manque à mon devoir: je vous croy de si bon naturel que vous y consentirez et que vous m'aidrez en ce qui vous sera possible. Demain, ma chere vie, je vous en demandray pardon et vous baiseray cent mille fois en effet comme je fais maintenant en imagination. A dieu, ma chere Biby.

(1) Cette Lettre est sans signature; mais tout porte à croire qu'elle est du grand Ecuyer de Bellegarde.

LETTRE XXXII.

A MADAME DE LIENCOURT.

Madame, la faveur de vos bonnes offices a donné telle licence à mon importunité que je n'en puis retenir le cours ordinaire ; je vous supplie donc ne l'avoir point désagréable, et qu'en la continuant je vous fasse requeste de me conserver la libéralité de vos courtoisies, en ce que je vous suppliay à vostre appartement, avec assurances que vous prendrés s'il vous plaist, que je ne pecheray jamais en ingratitude, mais au contraire me ressentiray si redevable aux effets de votre bonté, que mon plus curieux soin sera de rechercher les occasions qui me pourront rendre digne, madame, du titre de

Votre très-affectionné,

Henry de Bourbon.

LETTRE XXXIII.

13 Juillet.

Je ne laisseray passer cette occasion, ma chere sœur, sans vous supplier m'honnorer toujours de vos bonnes graces, et m'aimer comme la personne du monde qui est plus vostre serviteur; à la charge qu'une autre fois vous ne me laisserés avec la petite chienne. Notre cher et brave R. ne me traités pas comme cela. Je ne vous manderay point de ses nouvelles, car vous aurés de ses lettres, seulement vous diray qu'il se porte très-bien, avec espérance de jouir bientost de vostre belle présence, qui est le plus grand contentement que je puisse jamais avoir; car vous ne pourriez croire, ma chere sœur, avec quelle violente passion je vous honnore. Je ne vous mande point de nouvelles, car l'on ne manquera pas à vous en mander assés d'ailleurs. L'on me presse si fort que je suis contraint de finir ce mot par une très-humble supplication que je vous fais d'aimer toujours vostre pauvre frere, et j'embrasseray cejourd'huy.... vingt fois en vostre nom. A dieu, ma belle et très-chere sœur,

LETTRE XXXIV.

A LA DUCHESSE DE BEAUFORT.

Il n'y a rien qui me continue plus mes soupçons, ny qui me les puisse plus augmenter que la façon dont vous procédés en mon endroit, puisqu'il vous plait me commander de les bannir du tout, je le veux; mais vous ne trouverés mauvais qu'à cœur ouvert je vous en dise les moyens, puisque quelques attaques que je vous ayes donnés assés découvertement, vous avés fait semblant de ne les point entendre, ainsi l'ay-je jugé par les réponses; c'est pourquoy hier je commençois ma lettre par: *Il n'y a pire sourd que qui ne veut ouir.* Je protesteray (pour commencement) devant vous, ma chere maistresse, que ce que j'allegueray les offences que j'ay reçues n'est pour en avoir nul reste d'aigreur dans l'ame, me sentant trop satisfait de la peine qu'avés pris de m'en contenter, mais seulement pour vous montrer mes justes occasions de soupçon. Vous savés combien j'arrivay offensé en vostre présence du voyage de mon compéditeur; la force que vos yeux eurent sur moy vous sauva la moitié de mes plaintes; vous me satisfites de bouche non de cœur comme il y parut, mais si j'eusse sceu ce que j'ay appris depuis estre à Saint-Denis dudit voyage, je ne vous eusse veu et eusse rompu tout à plat. Je brulerois plutos ma main qu'elle l'ecrivit, et couperois plutost ma laugue qu'elle le dit jamais qu'à vous. Depuis vous avoir veu vous sçavez ce que m'avés fait; tout rassemblé, jugés, si je ne vous en vois point banir la cause, ce que je dois espérer. Que me pouvés vous promettre que ce que vous aviés fait? quelle foy me pouvés vous jurer que celle que vous avés faussée deux fois? Il faut donc des effets. Vous vous doutés de mes soupçons, et ne vous offensés point des infidélités et perfidies des autres, l'inégalité est trop grande. Vous me mandés que vous me tiendrés les promesses que vous me fites dernierement; comme le viel testament a esté aboly par la venue de Notre Seigneur, aussi vos promesses l'ont esté par la lettre que vous escrivites à Compiegne. Il ne faut plus parler de *je feray* il fau dire *je fais*. Résolvés vous donc, ma maistresse, de n'avoir qu'un serviteur; il est en vous de me changer, il est en vous de m'obliger, vous me ferez tort si vous croyez que rien qui soit au monde vous puisse servir avec tant d'amour que moy; nul ne peut aussi peu égaler ma fidélité, si j'ay commis quelque indiscrétion, quelle folie ne fait commettre la jalousie; prenés vous en donc à vous, jamais maistresse m'en avoit donné, c'est pourquoy je ne connoissois rien de si discret que moy. Feuille Morte a bien fait connoistre en craignant les ligueurs qu'il n'estoit ny amoureux, ny à moy. J'ay telle envie de vous voir que je voudrois pour l'abréviation de quatre ans de mon âge, le pouvoir faire aussitost que cette lettre que je finis par vous baiser un million de fois les mains. Hé bien! vous ne m'estimés pas digne de vostre peinture.

LETTRE XXXV.

A LA MÊME.

28 Septembre.

M. C., vous m'avez fait plaisir de me mander de vos nouvelles, *confessés*, qu'elles me seront toujours fort agréables, mais j'ay été trompé de la créance que j'avois prise, que vous en deussiez vous même estre le porteur suivant votre promesse, ce sera pour quand vos affaires le vous permettront, car vous pouvez au moins, en attendant, vous asseurer que vous serez toujours la bien venue et veue, je suis marry de ce que celuy par qui vous m'escriviés, à esté retenu à Nantes, et me trouve en peine de ce que je ne luy puis ayder comme je voudrois, pour ne sçavoir la cause ny le sujet pour lequel on l'y retient; faites le moy donc entendre, continuez à m'escrire, en attendant que vous veniez, je vous en conjure, vous le devez, je vous attends, car vous me l'avez promis, et j'en fais estat. Bon jour M. C., je baise vous cent mille fois.

LETTRE XXXVI.

A MADAME SA SOEUR,

Sur la mort de la Duchesse de Beaufort.

15 Avril 1599.

Ma chere sœur, j'ay reçeu à beaucoup de consolation votre visite, j'en ay bien besoin, car mon affliction est aussi incomparable comme l'estoit le sujet qui me l'a donné; les regrets et les pleurs m'accompagneront jusques au tombeau; cependant, puisque Dieu m'a fait naistre pour ce royaume et non pour moi, tous mes sens et mes soins ne seront plus employez qu'à l'avancement et conservation d'iceluy. La racine de mon amour est morte, elle ne rejettera plus, mais celle de mon amitié sera toujours verte pour vous, ma chere sœur, que je baise un million de fois.

LETTRE XXXVII.

RÉPONSE A LA LETTRE PRÉCÉDENTE.

Mon cher Roy.

Je sais qu'à l'extrême envie que vous avez, les paroles ne peuvent y apporter du remède, voilà pourquoy je n'en emploiray que pour vous assurer que je le ressens aussi vivement que l'affection extrême que je vous porte à la perte que j'ai faite d'une si parfaite amye m'y oblige; j'eusse bien desiré d'estre auprès de vous, pour vous rendre en cette affliction le très-humble service que je vous dois; croyez mon cher Roy, que j'aimeray toujours et serviray de mere à mes neveux et nièces, et vous suplie très-humblement vous ressouvenir que vous m'avez promis ma nièce, s'il vous plaît de me la donner, j'y apporteray la même amitié et soin, que si c'étoit ma propre fille. Monsieur mon mary vous témoigne son regret par celuy qu'il vous envoye; plût à Dieu, mon roi, pouvoir alléger votre douleur par la perte de quelques années, je le souhaiterois de toute mon affection, et sur cette vérité, je vous baise mille fois, mon cher et brave Roi.

LETTRE XXXVIII.

A M. LE CONNESTABLE.

11 Février 1599.

Mon compere, je suis très-marry de la brouillerie, qu'est arrivé entre mon neveu de Joinville et Termes; si le dernier a manqué au devoir et respect, que doivent les gentilshommes aux princes, il faut qu'il le satisface, et certes que l'on luy aprene à parler; si mon neveu l'a voulu gourmander, je veux aussi peu que les princes aprennent à gourmander ma noblesse : cette autorité seulle n'appartient qu'à moy. (Je ne veux céder ce droit à personne), et n'en abuser point; je parle de ces affaires en général, comme n'en sçachant encore nulle particularité; baste, la brouillerie est, il y faut porter les remèdes : voicy mon opinion, c'est de faire commandement par un capitaine des gardes à Mrs Desguillon, de Sommerive et comte d'Auvergne, de ma part, de ne bouger de leur logis sur peine de désobéissance, jusques à mon arrivée, et un autre très-exprès commandement de faire trouver le prince de Joinville à Paris dimanche, que j'y seray Dieu aydant, sur peine de mon indignation, sera fait au grand escuyer pareil commandement de ne bouger de son logis, et Termes soigneusement gardé où il est : je prie Dieu que ma lettre trouve tout d'accord, et qu'il ne faille que la jetter au feu; mais souvenés-vous, mon compere, que si vous faites faire quelque commandement de ma part, de le faire observer quelque ce soit, car de jeunes gens sans obéissance, ne sont point à tollérer au temps où nous sommes : bon soir, mon compere, j'ay eu beaucoup de plaisir à la chasse, comme vous dira ce porteur.

LETTRE XXXIX.

A MADEMOISELLE D'ENTRAGUES.

Je ne vous demande point pardon de ce que je n'allay pas hier vous rendre ce que je vous devois; je vous en diray aujourd'hui les raisons qui m'exemptent de coulpe, par conséquent, de grace, vous les trouverés pleines de discrétion, chemin d'où nous ne pouvons sortir sans nous perdre, et plus vous que moy. Vous ne croiriez pas les oppositions qui se présentent de tous costés à mon dessein, s'ils pensent augmenter mon desir par rendre mon entreprise plus difficile, je leur en sais bon gré.

LETTRE XL.

A LA MÊME.

21 Avril 1600.

Mademoiselle, l'amour, l'honneur et les bienfaits que vous avez reçeus de moy, eussent arresté la plus légere ame du monde, si elle n'eût point esté accompagnée de mauvais naturelle comme la vostre, je ne vous picqueray davantage, bien que je le pense et deusse faire, vous le sçavez; je vous prie de me renvoyer la promesse que sçavez, et ne me donnez point la peine de la ravoir par autre voye, renvoyés moi aussi la bague que je vous rendis l'autre jour; voilà le sujet de cette lettre, de laquelle je veux avoir réponse à minuit.

LETTRE XLI.

A M. D'ENTRAGUES.

21 Avril 1600.

M.^r d'Entragues, je vous envoye ce porteur, pour me rapporter la promesse que je vous baillay à Malesherbes, je vous prie ne faillez de me la renvoyer, et si vous me la voullez rapporter vous même, je vous diray les raisons qui m'y poussent, qui sont domestiques, non d'Etat par lesquelles vous direz que j'ay raison, et reconnoistrez que vous avez esté trompé, et que j'ay un naturel, que je peux dire plustost trop bon que autrement, m'assurant que vous obéïrez à mon commandement; je finiray vous assurant que je suis votre bon maître.

LETTRE XLII.

A MADAME LA PRINCESSE DE TOSCANE,

Marie de Médicis, depuis Reine.

24 Mai 1600.

Les vertus et perfections qui reluisent en vous, et vous font admirer de tout le monde, avoient, il y a déjà long-temps, allumé en moy un desir de vous honorer et servir comme vous le méritez; mais ce que m'en a rapporté Hallincourt l'a fait croistre, et ne vous pouvant moy-même représenter mon inviolable affection, j'ay voulu, en attendant ce consentement, (qui sera bientost, si le ciel est favorable à mes vœux), faire élection, madame, de ce mien fidelle serviteur Frontena, pour faire cette office en mon nom; asseuré qu'il s'en acquitera fidellement, comme celuy que j'ay nourry, et qui mieux que nul autre a connoissance de mes intentions : il vous descouvrira mon cœur que vous trouverez, non moins accompagné d'une passionnée volonté de vous chérir et aimer toute ma vie, comme maistresse de mes affaires, mais de ployer

doresnavant sous le joug de vos commandemens, celuy de mon obéissance, comme dame
de mes volontés, ce que j'espère de vous
pouvoir témoigner un jour, et vous confirmer,
en personne, le gage qu'il vous porte de ma
foy, si vous ajoutez pareille foi à luy que à
moi mesme, de quoi je vous prie de lui permettre, après vous avoir saluée et baisée les
mains de ma part, qu'il vous présente le service d'un prince que le ciel vous a dédié, et
fait naistre que pour vous seule; comme pour
moi, il a fait votre merite.

LETTRE XLIII.

A LA REINE D'ANGLETERRE.

Madame, entre tant de faveurs que je reçois continuellement de vostre bonté, je recoñnois celle-là très-grande, qu'il vous ait pleu me donner le moyen de vous esclaircir, par l'un de vos fidels serviteurs de l'état de mes affaires, et de l'honneur et devoir que je veux toute ma vie continuer de vous rendre ; je vous en remercie humblement, et de l'asseurance que m'avez voulu par même moyen donner de me continuer l'heure de vos bonnes graces et vostre bonne assistance, ainsi que le sieur Wilhs m'en a déclaré vostre intention, qui m'a esté une grande consolation parmy tant de mauvais desseins de nos ennemis, desquels, avec vostre bonne ayde, j'espère que Dieu me fera la grace de me préserver et de les faire enfin tourner à leur honte et confusion, et pour ce que ledit sieur Wilhs, vous sçaura très-bien et fidellement représenter tout ce qu'il a conneu, est que je lui ay fait entendre : je m'en remettray à sa suffisance, sans vous envoyer de plus longues lettres, après vous avoir humblement baisé les mains, et prié Dieu qu'il vous ait, Madame, etc.

Votre plus affectionné frère et serviteur.

LETTRE XLIV.

AU COMTE D'ESSEX.

Mon Cousin, j'ay reçeu à grand plaisir d'entendre la continuation de vostre bonne volonté envers moy, comme le sieur de Beauvoir et de Morlans m'en ont asseuré par leur lettres, qui m'a donné beaucoup de contentement pour l'estime mêmement, que je fais de votre vertu et générosité. Je vous prie aussi croire, que cette bonne affection que vous me portez, sera toujours récompensée d'une asseurée amitié de ma part, sans que rien la puisse faire changer, ainsi que vous le connoistrés, s'il se présente occasion de la vous pouvoir témoigner par effet, cependant, je prie, etc.

LETTRE XLV.

A LA DUCHESSE DE NEMOURS.

Ma tante, j'ai entendu par le sieur Lejay où vous en estes demeurez, ma tante de Longueville et vous, pour le mariage de mon cousin votre fils et ma cousine sa fille aînée, et comme elle ne vous veut bailler que vingt six mille livres de rente et que vous en voulez trente; puisque les choses sont en ces termes je veux estre le juge de ce différent, afin que comme vous desirez ce mariage, tant pour affermir l'amitié qui est entre vos maisons que pour procurer à mon cousin une femme digne de luy, et à vous une fille digne de vous, je voye remplir à bonne fin ce que j'ay procuré, par ainsi j'ordonne que ce qui est en différent soit party entre vous deux; que vous vous contenterez de vingt huit mille livres de rentes et qu'elle les baillera aussi. Vous sçavez, ma tante, en quelle maison vous prenez alliance; qui est celle qui qui doit estre vostre belle-fille, et qu'en ce temps il est très-difficile d'en trouver comme l'on desire.

Faites donc cela, je vous prie, et ne demeurez ferme en vostre résolution, de peur que si cette occasion vous échappe vous ne la regrettiez, et me croyez de cela, moy qui vous aime et que je serois marry de vous conseiller, si je ne voyois que vostre plus grand regret sera celuy de ne l'avoir plutost fait, ainsi que j'ay commandé à M. de Villeroy de vous dire de ma part que remettant le reste à sa suffisance, priray, etc.

LETTRE XLVI.

A LA DUCHESSE DE LONGUEVILLE.

Ma tante, j'ay appris, tant par les lettres de ma tante, la princesse de Condé, que par celles de ma sœur d'Angoulême, que ce que m'a dit le sieur Lejay, où vous en estes demeurée avec ma tante la duchesse de Nemours, pour le mariage de ma cousine de Longueville et notre cousin le duc de Nemours, et qu'il tient à peu qu'il n'ait esté conclud; et parce que c'est chose que j'affectionne et que je desire, je veux servir de juge pour vous accorder et en ordonner par où vous passerez, afin que j'aye le contentement de voir cela parachevé, de quoy je m'assure qu'il vous ne restera aucun regret, si ce n'est celuy qu'il n'aura esté plutost vostre gendre. Vous baillerés donc à ma cousine vingt huit mille livres de rente, de quoy ma tante, la duchesse de Nemours se contentera; ainsi le différent partagé, vous serez toutes deux contentes, et moy autant et plus que nul autre de l'avoir veu parachevé.

Vous ne devez perdre cette occasion pour ma cousine, de peur que si une fois elle vous eschappe difficilement vous en recouvriez une semblable, car en ce temps et en ce royaume il ne se trouve tant de partys qu'il seroit à desirer. Croyez-moi donc en cela et ce que j'ay commandé à M. de Villeroy de vous faire entendre de ma part, que me réjouiray avec vous d'y voir une fin, et je me promets que vous m'aimerez davantage de ce que je m'y seray empolyé, et sur ce, etc.

LETTRE XLVII.

A LA PRINCESSE DE CONDÉ.

Ma tante, j'ai esté très aise d'entendre, tant par la vostre que ce que le sieur Lejay m'a rapporté, où toutes choses sont demeurées pour le mariage de ma cousine de Longueville vostre niece avec mon cousin le duc de Nemours, et fay entendre aux deux meres ce qui est de ma volonté, faisant le juge de leur différent, qui est en somme, que la dispute se partagera en deux, savoir : que ma tante de Longueville, votre sœur, baillera vingt huit mille livres de rente, et ma tante de Nemours se contentera de cela. Je m'asseure que vous serez de mon opinion et que vous leur conseillerez de la suivre aussy ; que l'une et l'autre devroient avoir un extreme regret si cette occasion leur eschapoit des mains, laquelle difficilement ils pourroient recouvrer, comme je le leur ay fait entendre à tous deux par M. de Villeroy, et que vous dira de ma part ledit sieur Lejay, sur lequel me remettant, je vous prierai de le croire et que je vous aime de tout mon cœur. Adieu, ma tante.

LETTRE XLVIII.

A MADAME SA SOEUR.

Ma chere sœur, il faut que les desplaisirs talonnent toujours les contentemens ; vous pouvez penser quel je le devois avoir du succès d'Amiens, et quel regret j'ay dans l'ame de voir le cours de ma bonne fortune arresté par un abandonnement général de mon armée, qui, l'argent à la main, n'a sçu estre empesché, tant la légereté des Français est grande, et l'exemple pernicieuse des grands a esté suivie. Je ne me plains de personne, mais je me loue de peu ; s'ils disent que je leur ai donné congé, me le devoient-ils demander ?

J'avois jeudy au soir cinq mille gentilshommes ; samedy à midy je n'en ay pas cinq cents : de l'infanterie le debandement est moindre bien que très-grand. Le conseil avoit esté bien tenu ; les résolutions bien prises, les sujets de bien faire très-beaux, les soldats ennemis estonnés, leurs villes effrayées. Mais qui autre que Dieu peut faire quelque chose de rien, pour avoir la connoissance de tout ce que dessus plus que nul, et pour y estre plus intéressé en l'honneur et au profit que nul ; j'en porte plus de regret.

Je monte à cheval et vais faire revue de mes restes, puis prendre résolution de ce que j'auray à faire, de quoi je vous avertiray. Bon jour, ma chere sœur. Ceux qui n'ont point esté à Amiens doivent estre bien honteux ; jugez que doivent estre ceux qui m'y ont laissé Je vous baise cent mille fois.

LETTRE LXIX.

AU PRÉSIDENT DE THOU.

Monsieur le Président, j'ay tant reçu de preuves de vostre affection à mon service, et en ayant eu tant de contentement que je ne veux différer plus long-temps à vous témoigner le ressentiment que j'en ay et l'estime que je fais de vous, de votre capacité, intégrité et prud'homie qui sont des parties si recommandables en ce temps mêmement corrompu par la malice des siecles passés, que desirant doresnavant le faire reconoistre à tout le monde comme je le reconnois, et pour cette raison vous approcher de moy et me servir de vous en mes plus importantes affaires, je vous ay fait expédier un brevet de conseiller en mon conseil d'estat et finances, que je vous envoye, d'autant que je veux et entends qu'à l'avenir vous vous trouviez et assistiez en tous mes conseils, où je me promets que je ne seray servy de vous avec moindre affection que je l'ay toujours esté jusques icy, et que j'en espere la continuation, comme vous

vous devez attendre de moy tous les témoignages d'un bon maistre et qui vous aime, comme les effets vous le feront connoistre. Je vous ay ci-devant escrit pour retirer des mains du neveu du feu sieur abbé de Belle Branche, la librairie de la feue reine mere du Roi, monseigneur, ce que je vous prie et commande encore un coup de faire, si ja ne l'aviez fait, comme estant chose que je desire affectionne; que rien ne s'en egare, et veux affin que vous la fassiez mettre avec la mienne. Adieu M. le Président.

LETTRE L (1).
AU ROI.

10 Mai.

SIRE,

Suivant le commandemant qu'il a pleu à vostre majesté de faire ce matin à M. de Sillery, que je vous dépeschasse un courrier, incontinent après que M. de Rosny et luy auroient parlé à la reine, et tiré résolution d'elle sur ce que vous leur aviez commandé de luy dire, je vous envoye celuy-cy pour avertir vostre majesté; que après quelques discours qui se sont passés entre eux, elle leur a dit qu'elle ne manqueroit jamais de son devoir à l'endroit de vostre majesté, la supplioit très-humblement d'excuser son infirmité, lui pardonner si elle lui avoit dépleu en quelque chose et attribuer cette faute à l'extrémité de son amour envers vous; que puisqu'il vous plaisoit ainsy, elle vouloit aimer et honnorer tout

(1) Le corps de cette Lettre est écrit de la main de M. de Rosny, qui la fit et la bailla à la Reine, pour être écrite par elle au Roi.

ce que vous aimeriez, et suivant votre commandement voir madame de Verneuil et M. vostre fils, et les recevoir avec telle façon que vous en auriez contentement, et connoistriez l'obéissance qu'elle vous veut rendre en toutes choses : voila ce dont j'ay charge d'avertir votre majesté, en attendant l'honnenr de ses commandemens je seray toute ma vie.

LETTRE LI.

DE CHARLES DE BOURBON.

29 Juin.

SIRE,

Je ne sçay pourquoy vous m'accusés d'estre la cause de mes plaintes, puisque j'ay enduré toutes sortes de mespris et de desfaveurs sans en faire semblant, jusques à ce que mon honneur ait esté touché. Il me seroit peu séant de me taire aujourd'huy, si ce n'estoit que me sentant coupable de crime je deusse craindre de me voir accuser, ce qui n'est point, et vous avés sujet, Sire, de le connoistre. Je ne desire rien plus que d'estre remis en mon honneur, ne pensant pas qu'un homme de bien deust vivre sans en avoir plus de soin que de sa vie; pour y parvenir dès Fontainebleau et à Paris je vous suppliay d'avouer ce dont on m'accuse, et de quoy vous disiez avoir sujet de vous meffier de moy; n'en pouvant rien obtenir que d'estre remis à Troyes pour le sçavoir; je vous asseuray que j'y serois du lundy au mercredy, ce que j'ay fait, où n'y apprenant rien je perdis l'espérance d'en sçavoir davantage ; cela me fit résoudre de me retirer chez moy, estimant que je le devois.

Jugés s'il m'estoit séant de me présenter devant vous lorsque les ennemis paroissoient, accusé de crime, et m'estimant autre que je ne suis ; avec quel visage m'eussiez vous regardé me soupçonnant ? Et comment vous seriés-vous assuré de moy. Je suis premierement obligé à me justifier ; si quelques uns des miens y sont compris ou ayant abusé de mon nom ; pardonnez-moy, Sire, si je vous dis que je n'en puis estre blasmé de favoriser leurs desseins, les ignorant, et faisant ce qui est à ma puissance pour les avouer. Aujourd'huy j'apprends par vostre lettre que le peu de loisir que vous donnent vos affaires fust cause que je ne pus apprendre ce qu'il vous avoit pleu me promettre de me dire à Troyes.

Avec vostre congé donc, Sire, je retourneray espérer cette grace de vous, et sans attendre que vous retourniez à Paris où vous me mandez que vos affaires vous appellent, il sera en vostre puissance de commencer à y voir plus clair, j'envoye ce gentilhomme nommé Rochêne, exprès vers vostre majesté, auquel, s'il lui plait de dire ce qui peut servir pour avancer ce fait, me le rapportant vous connoistrez après si s'y recule, ou pour mieux dire, l'affection que j'ay d'en estre au bout; je dois desirer de voir chastier le coupable, ou justifier l'innocent; aussy fai-je avec passion, et si vous plaist regarder mes depportemens depuis que j'ay l'honneur de vous faire service, vous y connoistrez assez de sincérité et de franchise pour croire ce que je dis.

Quand aux biensfaits ou pensions qu'il vous a pleu me donner, je croy, Sire, que personne ne me peut accuser d'en avoir été ingrat, je ne les ay point célées, au contraire, je les ay publiés, ceux qui vous ont dit que je faisois autrement ont tort, et que par le conseil d'autruy, je me retirerois d'auprès de vous, et des lieux où ma réputation m'oblige; les causes que je vous ay alléguées sont assez legitimes pour n'imputer pas ma retraite à autre chose, et outre cela, l'affection que de tout temps j'ai porté à votre personne, et à mon honneur, lequel, graces à Dieu, est sans tache, et sera s'il vous plaist sans reproche. Si ces bienfaits ont surpassé les mérites de mon service, tant plus vous en sera-ce de gloire, et à moy de regret, qui ai fait tout ce qui a esté en ma puissance pour les reconnoistre, hasardant ma vie, employant ma jeunesse, et y abandonnant; de laquelle, Sire, je ne me veux jamais rien promettre que ce que mes serviteurs m'acquereront et vostre bonne grace; je la souhaite plus que mille autres biens, et vous supplie très-humblement de croire qu'aucune de mes actions ne vous donnera sujet de m'en éloigner, Sire, etc.

LETTRE LII.

DU MÊME.

SIRE,

J'ay tous les regrests du monde, de ne pouvoir estre aussi souvent que je le desire auprès de vostre majesté, pour luy rendre le service très-humble que je dois; mais ce qui me le rend souvent impossible, m'en oste aujourd'huy le pouvoir. Cette impuissance donc, Sire, me fera vous supplier très-humblement de m'en dispenser pour quelque temps, et avoir pour agréable mes excuses.

Je ne doute point que votre majesté, n'allant à Fontainebleau que pour y passer le temps et y chasser, n'y ait beaucoup de plaisir; l'honneur qu'il vous a pleu me faire, de vouloir que j'y prisse quelque part, me fera trouver les jeux de Paris bien rudes, et cela sera quelque espèce de pénitence ce caresme pour moy, de laquelle avec vostre congé j'yray recevoir l'absolution du bon père Frontenac, lorsque je pourray vous aller assurer moy-mesme que je suis, etc.

LETTRE LIII.
DU MÊME.

SIRE,

J'ay reçu des mains du contrôleur général de vostre maison, Coignel, la lettre qu'il vous a plu m'écrire, par laquelle j'apprens que vostre volonté est de réduire vos officiers en leur ancien nombre, et pour y parvenir de supprimer les charges qui viendront à vacquer par mort, c'est un effet de vostre bonté ordinaire, de vouloir plutost mettre la réigle par cette voye, que de chasser force pauvres gens qui n'ont acquis en travaillant toute leur vie en servant bien, autre bien que leurs gages et leur nourriture.

Dès Chartres, vous me fîtes le même commandement, et drès lors j'y ay obey et tins la main en tout ce que j'ay pu, et bien que le nombre excède de beaucoup celuy qui est nécessaire; si vous suppliai-je très-humblement de croire que depuis ce tems-là, j'ay déchargé vostre maison presque d'un tiers, ou plus de ceux qui y étoient surpernuméraires.

Je n'oublieray pas à l'avenir ce que je connoîtray être de votre service et vous être agréable, n'ayant nul autre plus grand desir, en ce monde, que de témoigner, à V. M. par mes services que je suis, etc.

LETTRE LIV.

DE MADAME, SOEUR DU ROI.

AU ROI.

Monsieur, encore que je vous ay écrit par Yolet, je ne laisseray de vous faire ce mot, aimant mieux être estimée importune que paresseuse; je vous diray que nous passons ici fort bien le temps, il ne resteroit que vous, pour rendre le plaisir parfait. Nous ne fesons que danser et nous promener en de beaux promenoirs, manger force confitures, et la musique; la comtesse Coutaul et moy, quant à Mr de Meille, je crois qu'il est assez bien. Elle m'a promis de demeurer avec moy tout cet hyver. Croyez, Monsieur, que je solliciteray bien pour Mr de Meille, cependant qu'elle sera ici.

Je vous supplie très-humblement, me mander par ce porteur, ce qu'il vous plaira que je fasse; quand vous voudrez que je parte, ce qu'attendant je feray, fin vous baisant très-humblement les mains. A dieu, Monsieur, je m'en vais danser, j'ay le violon qui sonne et la boulée et les filles qui dansent; mais que je vous voye, je vous conteray des avantures que j'ay sçues par le chemin, venant de Nerac, car j'ay vu madame Paujas la mère.

LETTRE LV.

DE MADAME SA SOEUR.

Monsieur,

J'ay ouy ce que ce porteur m'a dit de votre part, à quoy je répondray avec tout l'honneur et le respect que je vous dois. Il m'a dit, Monsieur, que vous offensiez contre moy, d'un certain écrit que M.de de Rohan avoit fait, disant que je l'avois vû sans vous en avertir; à cela repondray-je que je ne l'ay jamais lu ny touché; bien luy ai-je oui dire quelque chose où j'étois nommée, et depuis quelques dames et gentis-hommes, m'en ont appris davantage.

Je ne vous ay point célé quand vous m'en avez parlé, ce que j'en savois ni tout ce que j'ay cuydé être pour votre service; mais, Monsieur, tout le profit que vous en avez tiré, et tout le gré que vous m'en avez sçû, a été de me brouiller avec ceux de qui je vous avois parlé, et leur donnant, par ce moyen, un desir de se vanger de moi, lorsqu'ils se sont essaiés de le faire, et même auprès de vous, comme vous me l'avez dit souvent : vous avés été plus disposé à croire et favoriser leurs calomnies, qu'à reconnoistre la vérité de mes paroles, et ma passionné affection e nce qui vous touchoit.

Il semble, Monsieur, que ne pouvant trouver nul sujet d'offense en mes actions, vous me vouliés charger de celles des autres, si M.^de de Rohan vous a offensé, elle ne m'a laissée sans en pouvoir dire autant, comme je vous pourrois faire voir si je n'avois maintenant un autre sujet qui me poinct plus l'ame. C'est donc à elle, Monsieur, à vous répondre de ses actions, et à moi à vous faire ressouvenir des miennes passées et présentes, faisant ce discours à part. Croyant vous avoir satisfait sur ce point, je viendray à un autre, qu'il m'a aussi dit de vostre part et qui me presse le plus, c'est qu'il vous plaît que je me résolve, lequel je veux élire pour mary, ou de Mr de Montpensier, ou de M.^r le marquis Dupont.

Pour Mr de Montpensier, il vous plaira, Monsieur, de vous ressouvenir que, lorsqu'il me servoit, vous m'avez souvent dit, qu'il ressembloit à son père, qui n'étoit pas bon mary et mille autres choses en riant, qui ne pouvoient que me le faire dédaigner, même n'étant nullement disposée à avoir de l'amour pour luy. Vous sçavez aussy ce qu'en ce temps-là même, vous luy disiez pour l'en dégoûter, je m'en suis séparée l'aimant comme un de mes meilleurs parens, et l'estimant comme un brave et galant prince, tel qu'il est.

Je sçais, Monsieur, que vous avés la mémoire si bonne, que vous ressouvenant de la suite de plusieurs années, vous n'aurez pas onblié ce qui s'est passé cette dernière passée en ce lieu de Saint-Germain un soir que vous me fîtes l'honneur de me venir voir, ne menant avec vous que M. de la Force, vous me tîntes ces propos, que je me plaignois que vous ne me vouliés pas marier, et que c'étoit la chose du monde que vous desiriés le plus.

Ce que pour me le témoigner, vous me juriez devant Dieu de me donner celui que je choisirois, fût dehors ou dedans votre royaume, pourvu qu'il fut prince et point votre ennemy, ne réservant que M. le comte de Soissons que vous ne vouliés, et M. de Montpensier, reconnoissant bien que je n'avois pu l'aimer, vous me promîtes avec serment de ne m'en parler jamais, me disant aussi que vous aviez répondu aux siens, qui vous en pressoient, encore qu'ils n'y espérassent plus, et que vous ne le vouliez pas, ne m'étant pas agréable; si bien, Monsieur, que je le croyois maintenant marié en Lorraine.

Voilà ce qui se passa avec tant d'assurances que je ne crois pas plus mon salut que je croyois être bientôt fort heureuse, par le soin que vous disiez vouloir aporter à mon contentement. Je reviendray à M. le marquis du Pont. Il vous plaira encore vous ressouvenir qu'étant à Pau, il ne se sauroit dépeindre une chose, je ne dirai pas laide, mais plus hideuse que la forme que vous me le représentiez, et depuis par vos lettres vous me l'avés achevé de peindre, le rendant fort incommodé d'une très-vilaine maladie; ce qui n'étoit pas pour me le faire desirer pour ce que vous me l'offrez à cette heure. Encore dernierement à Fontainebleau, vous me dites que M. de Sancy vous avoit dit que je lui avois défendu de vous parler.

Je vous dis lors les mêmes paroles que je lui avois tenues, dont il y a si peu que vous les redisant, je ferois tort à votre mémoire, et en rendrois cette lettre plus longue et ennuyeuse. Sur cela, Monsieur, vous me dites que vous n'en feriez point parler, et qu'il vous devoit venir voir, et qu'en ce tems-là je verrois ce qu'il m'en sembleroit. Je vous représentai les malheurs qui me pouvoient arriver, tombant entre les mains d'un Prince souverain qui me pourroit contraindre en ma conscience, le peu de support que je pourrois espérer de vous, qui pour n'être accusé du Pape d'être encore huguenot, n'oseriez m'aider en cette peine, étant bien souvent empêché pour ce sujet de ne faire pour ceux qui vous ont bien et fidelement servi.

Vous me montrâtes d'avoir mes raisons agréables, et me separay de vous la plus contente du monde, croyant que j'étois à la fin de mes peines; mais l'arrivée de ce porteur m'a fait voir qu'il faut que je me résolve à une plus extrême misere que celle en laquelle j'ay vescu depuis un si long-temps, que certes je ne la puis plus suporter sans m'en plaindre, car je reconnois bien, monsieur, que votre dessein est de ne me marier jamais, ne m'offrant que ce que vous avés sçû de certain que je ne pouvois aimer.

Eh ! bien, s'il ne vous reste que cette derniere preuve à tirer de mon obéissance, je ne vous demande plus de mary et ne vous nommeray plus ce nom de mariage qui vous est si désagréable; mais je vous requiers les mains jointes et de tout mon cœur, de me permettre et donner congé de me retirer en quelque lieu le plus éloigné de la cour et choisir laquelle de vos maisons il vous plaira que ce soit, puisque je suis si désastrée qu'en l'âge où je suis je ne puis dire en avoir une seule à moy, et n'ayant que par provision et par emprunt ce que mes pere et mere m'ont laissé, n'étant point bâtarde.

Accordez-moy, monsieur, cette demeure, qui me sera agréable en ce que je ne vous importuneray plus de ma vie, qui ne vous est, comme je reconnois par vos actions, qu'une charge, et n'auray plus de déplaisir de voir avancer ceux qui bâtissent la ruine de votre maison et se plaisent à ma nécessité, et ne souffriray plus les indignitez que M. le Chancelier me fait souvent, refusant pour moy seule ce qu'il fait pour des personnes si inférieures à moy, que je crois qu'il n'auroit pas la hardiesse de me faire s'il ne savoit bien qu'il le vous plaît ainsy. Ne croyez pas, monsieur, que le congé que je vous demande soit désiré de moy depuis peu ; car je vous jure qu'il y a déjà long-temps que je vous l'eusse requis si je ne me fusse repue de vos belles paroles, et aussy que je croyois que mes obéissance et submission vous pourroient rendre plus doux ; mais reconnoissant que l'absolu pouvoir que je vous ay donné sur mes volontés ne vous peut faire changer, et que n'ayant mis rien en réserve pour vous plaire, soit aux dépens de mon ame et de mon contentement, soit au péril de ma vie, vous suivant par toutes sortes de temps, pressée de maladies qui eussent été à une plus fortunée que moy mortelles, comme celle avec laquelle je partis de Paris, chacun me représentant la mort et moy votre volonté qui me guidoit.

Bref, monsieur, tout ce que j'ay pu imaginer ou savoir de vos serviteurs les plus privés qui me pouvoient rendre aimée et agréable à vous, je l'ay fait et en appelle Dieu à témoin et votre conscience, ayant la mienne for déchargée devant Dieu et les hommes du devoir que je vous ay rendu, et fort contente d'avoir souffert tous mes ennuis sans sujet et avec toute sorte de patience, n'ayant pour désespoir ou vous m'ayez pu mettre depuis trois ans que je vous suis venue trouver, jamais manqué à l'honneur et le respect que je vous dois, comme à mon Roy, ny à l'amitié à quoy le nom de sœur m'obligeoit.

Cette lettre vous sera, j'ay peur, ennuyeuse à lire, ce m'est un extreme déplaisir, monsieur, de vous etre importune, ne desirant partir en votre mauvaise grace; mais ma juste douleur et un cœur que j'avois et auray toute ma vie plus disposé à vous servir fidélement qu'à recevoir des rigueurs et des dédains, m'a guidé la main que j'arreteray, vous suppliant très-humblement de croire que mon malheur m'arrache de votre vue avec tant de regret que la mort me seroit plus douce que cet éloignement; mais, monsieur, il le faut, puisque je ne puis avec votre honneur et le mien être toujours en l'état où vous avez agréable que je demeure.

Faites-moy l'honneur de me mander bientôt si vous m'accordez mon congé, et un lieu à faire une vie religieuse, puisque désormais celle du monde me sera si désagréable. Je vous eusse envoyé un autre homme pour vous porter cette lettre, mais j'ay cru que vous auriez cettuy cy plus agréable, luy ayant déjà fait l'honneur de l'avoir déjà employé pour me dire votre volonté, quant à la mienne elle sera jusqu'au tombeau guidée de la révérence et obéissance que je veux vous rendre éternellement, et sur cette vérité je vous baise très-humblement les mains. Adieu, monsieur.

LETTRE LVI.

DE CATHERINE DE NAVARRE.

Monsieur de Ségur, j'ay reçu vostre lettre du quatre juillet, ensemble les nouvelles que vous me mandez, de quoy j'ay esté très-aise les voyant si bonnes : cela fait paroistre le fruit de votre peine. C'est une chose si juste que celle que le Roy mon frere et tous ses amis soutiennent que je m'assure que Dieu finira leurs peines, et leur fera goûter enfin un heureux repos et une vie plus contente que leurs ennemis le pensent; je l'en prie tous les jours, et qu'il garde ces bons serviteurs et mes amis, du premier rang desquels je vous mets.

J'espere que la peine que vous prenez pour le service du Roy mon frere, ne sera point reconnue ingratement de luy, et la bonne volonté que vous m'avez toujours portée ne sortira jamais de ma mémoire. Croyez que je me souhaite souvent de pareils amis que vous près du Roy mon frere; mais puisque son service vous en éloigne, croyez que cependant vous aurez en moy par de ça une fort assurée amie; que je rechercheray toujours les moyens de vous en rendre preuve, lesquels attendant, je vous supplie encore vous assurer que je suis.

LETTRE LVII.
DE LA MÊME.

Mon cher Roy,

Je n'ay pas voulu partir d'icy sans vous envoyer ce laquais pour avoir l'honneur d'apprendre de vos nouvelles, étant extremement marry que devant que vous eloignez je n'aye eu ce bonheur de vous voir, si vous l'eussiez commandé à monsieur mon mary et à moy nous n'eussions pas failly d'y aller en diligence. Ce m'est un extreme regret de ne vous avoir pu rendre le service très-humble que je vous dois; car, mon cher Roy, je n'ay de plus violent desir que de vous témoigner l'extreme amitié que comme à mon cher frere je vous porte, et ma continuelle servitude et obéissance comme à mon Roy.

Ayez cette créance, de petite sœur qui vous supplie très-humblement de l'aimer toujours. Madame de Paujas va à Paris, je lui ai commandé de voir ma niece, et s'il vous plaisoit me l'envoyer, me l'amener, moy meme l'iray bien quérir quand il vous plaira, car je suis résolue de l'aimer et cherir comme ma propre fille, et bien que je les veuille tous aimer extremement, il me semble que je suis plus obligée à celle-là comme étant ma filleule. Je m'en vais demain à Nancy; madame la princesse ma belle sœur s'en veut aller trouver son mary dans cinq ou six jours. J'ay peur de vous importuner, mon cher Roy, je finiray vous baisant un million de fois de tout mon cœur en esprit, bien marye que ce n'est en effet, car je vous aime plus que moy meme: croyez-le mon brave Roy.

Monsieur mon beau-pere m'a donné charge de vous baiser très-humblement les mains; ils est votre très-humble et très-obéissant serviteur. Monsieur mon mary vous écrit.

LETTRE LVIII.
DE LA MÊME.

Mon cher Roy,

Je ne puis demeurer plus long-temps sans envoyer savoir de vos nouvelles; je porte bien envie à ce laquais qu'il ait l'honneur de vous voir et que j'en sois privée, mais je veux croire pour ma consolation que ce sera bientôt, car tout le monde dit que vous mariez, et je m'asseure que vous me ferez l'honneur de me convier à vos noces; plut à Dieu, mon Roy, cela fut-il déjà, et que je me visse si heureuse et honorée que d'être tante d'un beau dauphin, et luy pouvoir donner un petit page de sa chambre qui ait l'honneur d'être son germain, ce seroit le comble de ma félicité; j'en prie tant Dieu que j'espere qu'il m'exaucera.

Je vous ay mandé par esprit comme j'étois heureuse et contente icy; je continue et semble que l'amitié de mon beau-pere et de mon mary augmente; je sais, mon Roy, que vous m'aimez tant que vous en réjouirez, aussy est-ce vous qui m'avez donné ce bon mary ; certes, mon Roy, il faut que je vous avoue que je l'aime passionnément, car il m'en donne sujet extremement. Bref, je vous puis assurer qu'il ne fut jamais un plus heureux mariage ; Dieu vous rende aussi content quand vous serez en ce saint lieu que nous sommes. Ayez agréable, mon Roy, que je vous parle avec cette liberté que je continueray autant que je connoitray que vous l'aurez agréable.

Quant à notre fille, permettez-moy de l'appeller ainsy, quand il vous plaira me l'envoyer, je l'aimeray et la tiendray aussi chere qu'une propre fille. Il faut que je vous die qu'il y a icy une peinture de vous à une galerie qu'a monsieur mon beau-pere, que je crois vous voir, et non sans avoir les larmes aux yeux, songeant de vous avoir laissé. Ayez envie de me voir, mon brave Roy, et cela sera, car le moindre commandement que vous en ferez à monsieur mon beau-pere et monsieur mon mary ils l'exécuteront ; car monsieur mon mary vous affectionne si extremement que toutes vos volontez luy serviront de loix.

Il meurt d'envie de vous aller baiser les mains et de renouveller les vœux de sa très-humble servitude ; quant à moy je suis toute à vous. Le changement de condition ne me rend moins assujettie à tous vous commandemens, à l'exécution desquels je ne trouveray jamais rien de difficile : croyez-le, mon cher et brave Roy, et me permettez de vous donner en esprit mille baisers, plut à Dieu fut en effet. Je vous importune d'une longue lettre; mais il me semble que je parle à vous, je suis votre très-humble servante ou servante très-humble.

LETTRE LIX.
DE LA MÊME.

Mon cher Roy,

Je ne veux faillir de vous rendre très-humbles graces par M. Datichy des offres qu'il m'a faites de votre part; je m'assure, mon Roy, que l'honneur que vous me témoignez me rendra toujours mieux traitée de monsieur mon beau pere, et de monsieur mon mary; il vous a toujours plu me promettre que, lorsque vous seriez paisible, et que je serois mariée, vous me feriez ressentir les effets de votre bon naturel; l'un et l'autre sont maintenant, dont je loue Dieu et connois, par ce que m'a rapporté de votre part M. Datichy, que vous voullez exécuter cette promesse.

J'en ay bon besoin, mon cher Roy, étant bien fort en peine, à cause des frais qu'il m'a falu faire à mes noces et pour mon voyage, de plus, que les quarante mille écus qu'il vous avoit plu me donner, comme vous dira M. Datichy. La nécessité où je me trouve cette année, à cause de cela, me contraint de vous importuner, encore que monsieur mon beau pere m'assiste de ce qu'il peut ; mais monsieur il est fort endetté, et ne pourroit pas continuer longtems ; quand à ce que M. Datichy m'a dit aussy, touchant le partage qu'il vous plait me voulloir donner, que votre volonté étoit que j'élusse quelqu'un pour regarder à ce qui m'appartient, ayez agréable, mon brave Roy, l'élection que j'ay faite pour cet effet, m'assurant d'avoir choisy une personne si capable que mes affaires n'en peuvent que réussir à mon avantage ; c'est vous, mon cher et brave Roy, que je prens pour mon avocat, mon arbitre et mon juge, et votre bon naturel pour me faire la part telle qu'il vous plaira ; car, quoique vous me donniez avec votre bonne grace, j'en seray plus contente que si j'avois plus par la dispute d'autre ; disposez donc de tout comme il vous plaira, et vous souvenez que tout ce que j'auray jamais vous y aurez toujours plus de pouvoir que moy même.

Je suis à vous, tout ce que j'ay en sera toujours de même ; j'ay le mary que vous m'avez choisy ; faites moy paroître que cette obéissance vous est agréable : je n'espere qu'en vous, mon Roi, car vous seul me pouvez rendre heureuse ou bien misérable ; or, maintenant, puisque je vous prends pour mon avocat auprès de vous, gagnés la cause de votre petite sœur et très-humble servante, et soyez assuré que tant que je vivray vous n'aurez, entre toutes vos sujettes, une qui, avec plus d'honneur, de respect et d'obéissance, reçoive la loy de vos volontez que moy, qui vous baise cent mille fois, mon Roy.

Je vous supplie très-humblement de témoigner à M. Datichy que vous avez le service qu'il m'a fait agréable, et vous souvenir de luy quand il se présentera quelqu'occasion pour son avancement.

LETTRE LX.
DE LA MÊME.

Mon cher Roy,

Merange vous contera comme tout va icy; je ne m'amuseray donc à le vous dire par cette lettre, me remettant à luy; je vous diray seulement que je me porte fort bien, Dieu mercy, et que je desire autant que vivre d'avoir l'honneur de vous voir. J'attends Lavarane avec impatience, qu'a jusques à ce que vous m'ayez fait cette faveur de me mander que vous me l'envoyerez.

J'ay cru que vous m'aviez oubliée, ce qui me donnoit tant de déplaisir que j'eusse voulu estre morte; maintenant, je reçois autant de contentement, me voyant honorée de votre souvenir que je tiens cher à l'égal de ma vie: croyés-le, mon cher et brave Roy, et m'aimez bien toujours. Adieu, monsieur; je suis votre servante très-humble, et vous baise mille fois.

LETTRE LXI.

DE LA MÊME.

Mon cher Roy,

Ce porteur vous contera tout ce qu'il a veu à l'arrivée de cette Infante, que vous pouvez avoir déjà sue par Lavarane. Ce mot sera pour vous supplier très-humblement de m'aimer toujours, et de croire que rien n'est plus à vous que petite sœur qui est demie morte de la fièvre qui m'a toujours tenue durant que l'Infante a été icy, et m'a fallu contraindre, de sorte que j'en suis maintenant fort mal. Bon jour, mon cher et brave Roy, que j'aime plus que ma vie.

LETTRE LXII.
DE LA MÊME.

Mon cher Roy,

Si je n'étois fort assurée de l'honneur que vous me faites de m'aimer, j'aurois peur de vous être importune vous écrivant si souvent; mais, mon Roy, cela, et la crainte que j'ay que l'absence ne m'éloigne de cet honneur, me rend plus soigneuse à vous ramentevoir petite sœur, qui a reçu un contentement extrême d'avoir reçu, par la lettre que vous m'avez fait l'honneur de m'escrire par Bourlemont, que c'étoit plutost paresse qu'oubli qui retenoit votre main de m'assurer que vous me continuez en vos bonnes graces: ne m'ôtez jamais cette faveur, ou ôtez-moi la vie, car, sans cela, je ne la veux pas conserver.

Ce porteur vous contera tout ce qui se passe icy, qui est comme je le saurois desirer, aussi suis-je bien votre commandement, leur rendant tout l'honneur et le respect que je leur dois. Voila, mon brave Roy, ce que je vous puis accorder. Ce porteur m'a tant fait de peur avec sa grosse voix, que, pour le faire taire, je luy ay promis de vous supplier très-humblement d'avoir pitié de luy : il vous en dira davantage, car ce n'est pas mon dessein de vous importuner. Adieu donc, mon cher Roy, je vous baise mille fois en esprit ; plut à Dieu que ce fut en effet.

LETTRE LXIII.

DE LA MÊME.

Mon cher Roy,

Morel, présent porteur, vous va trouver pour vous supplier très-humblement, de commander que justice luy soit faite sur ce de quoy il a été accusé; s'il est coupable, il se soumet à telle punition qu'il vous plaira; quant à moi, je ne l'ay jamais trouvé en faute, et parce qu'il avoit sçu que l'on l'avoit accusé de m'avoir desrobé, il m'est venu trouver, mais je n'ay rien perdu de ce que l'on luy a baillé pour moy. Je finiray ce discours, pour vous dire que j'ay une passionnée envie de vous voir : je porte bien envie à tous ceux qui ont cet honneur.

Monsieur, mon mary est allé à la chasse, on lui a dit qu'il y avoit un fort grand cerf : en partant il m'a dit, que s'il est tel qu'on luy a dit, qu'il vous enverra la teste; mais s'il n'est plus heureux que de coutume, je crois que vous n'aurez pas ce présent; mais s'il le prend, et que ce soit chose digne de être présentée, je voudrois bien en être le porteur, ce n'est que comme cela que je voudrois porter des cornes; car en cela, je suis fort fille de ma mère, c'est-à-dire, de jalouse humeur; mais pour encore, je n'en ay pas de sujet.

Mon Dieu, mon cher Roy, quand vous verray-je, je reviens toujours à cela, car je n'ay point de plus violent désir, ce sera quand vous l'aurez agréable, et le commanderez à monsieur mon beau père. Bon soir, mon brave roy, je vous baise cent mille fois en esprit.

LETTRE LXIV.
DE LA MÊME.

Mon cher Roy,

Mathurine vous saura si bien représenter tout ce qui se passe ici, que je n'en allongeray cette lettre; seulement, je vous assureray que je continue toujours à être très-bien avec ceux de cette maison, et que j'ay le meilleur mary du monde, aussi m'y gouvernay-je bien comme vous me l'avez commandé, que je vous ay souhaité à Lunéville, où nous avons été ces jours.

Mathurine vous dira bien comme il a fait beau pour toutes sortes du chasses. Mon Dieu, mon brave Roy, que j'ay envie de vous voir, et quant auray-je cet honneur, et ce contentement, de vous pouvoir embrasser les yeux aussi guais que je les avois pleins de larmes quand je pris congé de vous, ce sera quand vous témoignerez à monsieur mon beau père et à monsieur mon mary que vous le desirez.

Pardonnez-moy si je vous importune si souvent de ce discours, j'ai tant d'envie de vous voir, que je ne me puis empêcher de le vous témoigner souvent. Pour la fin de cette lettre, je vous supplie très-humblement, mon cher Roy, de me continuer l'honneur de votre amitié, et que l'absence ne m'en éloigne non plus que je m'éloigneray pour chose du monde, du respect, de l'honneur et de la submission que je vous dois, et à quoy mon inclination me porte du tout. Ayez cette créance de moy, mon brave Roy, et me permettez de vous donner mille baisers en esprit, jusqu'à ce que j'aye le bonheur que ce soit en effet.

LETTRE LXV.
DE LA MÊME.

Mon cher Roy,

Ce porteur vous dira comme s'est passé ici la réception de l'Infante, elle m'a été plus courtoise que le pays ne me le faisoit espérer, c'est une humeur qui, à mon avis, vous seroit agréable. Elle aime fort la chasse; l'Archiduc est aussi fort courtois: je remets tout à Lavarane à vous conter; je l'ay retenu pour voir la compagnie; je vous y ai souhaité. Quand auray-je cet honneur, mon cher Roi, de vous voir, envoyez-moi quérir ou me venez voir: pardonnez-moy si je vous parle si librement; aimez-moy, mon brave Roy, car je vous aime plus que moy-même.

Lavarane vous dira, comme mon mary et moy vivons. Il n'y a point d'altesse entre nous deux, mais pour cela, je crois qu'il n'y a pas moins d'amitié. J'ay prié Lavarane de vous parler pour Houdoyer. La Cour de parlement l'a condamné, ce qu'ils n'ont pas fait à Gabeliu; faites moy l'honneur qu'il sente l'effet de la promesse que vous m'avez faite le jour de mes nopces. Je vous supplie très-humblement d'avouer ce porteur de ce qu'il a dit de votre part à monsieur mon beau-père à monsieur mon mary, car je reconnois que cela me sert du tout à me rendre à mon aise, et me faire bien traiter.

Faites-moi l'honneur de continuer à leur montrer que vous m'aimez, et leur sente: bon gré du traitement qu'ils me font; venez me commander, mon Roi, de vous faire un petit page; car je crois que si vous-même ne me le dites, il ne voudra pas demeurer dans mon corps. La vérité est que je me suis guatée d'un......... L'on ne l'a osé dire à monsieur mon mari; j'en ay bien pleuré. C'est trop vous importuner. A Dieu, mon brave Roi. Je vous baise cent mille fois.

LETTRE LVI.

DE LA MÊME.

Mon cher Roy,

Je n'ay voulu laisser partir ce porteur, sans vous rafraischir la mémoire de petite sœur, qui se meurt d'envie vous voir; je porte bien envie à tous ceux qui ont cet honneur. Mon cher Roy, si je demeure encore long-temps, je crois que je deviendray folle, attendant ce bonheur; faites moy cette grace de me continuer l'amitié que vous m'avez promise, c'est un trésor que je veux conserver aussi chèrement que ma propre vie, que je n'estimerois jamais heureuse si vous ne m'aimiez.

Dans deux jours, je vous renvoieray Vaginer avec les dépesches que vous m'avez commandées de Limousin: en cela, et en toutes vos volontés, vous trouverez mon obéissance et submission, toute telle qu'il vous plaira. Je répons aussi pour monsieur mon mary qu'il en fera de même; car, mon brave Roy, vous n'avez point de serviteur et servante de qui vous pouviez plus absolument disposer que de nous deux, et c'est vérité : je vous baise mille et mille fois.

LETTRE LVII.

DE LA MÊME.

Mon cher Roy,

Mes lettres ne peuvent être plaines que du même discours que les deux dernières, qui est de l'ennuy que je reçois, n'ayant ordinairement à mes oreilles qu'une presse continuelle de me faire changer de religion, et de m'ôter tout ce qui en est auprès de moy.

Je n'ay espérance après Dieu, qu'en vous, mon cher Roy, ayez pitié de petite sœur; l'extrême amitié que je porte à mon mary, m'eût fait souffrir toutes autres incommodités; mais celle-cy me met au désespoir, et ma douleur me fait finir, vous baisant mille fois.

LETTRE LVIII.

DE LA MÊME.

Mon cher Roy,

Je suis extrêmement marye que vous ayez mal entendu ce que je vous avois écrit, car mon intention n'a été que de vous supplier très-humblement comme je fais encore de ne permettre que je sois contrainte en ma religion, comme j'en suis pressée tous les jours et à toutes heures. C'est à vous seul, mon cher Roy, à qui j'ay et veux avoir recours, recevant cette grace de vous je vivray la plus contente femme du monde, recevant en toute autre chose tout l'honneur, le bon traitement et l'amitié que je puis desirer de monsieur mon beau-pere, de monsieur mon mary et de messieurs et mesdames mes beaux-freres et belles-sœurs.

Croyez aussy, mon Roy, que hormis ce qui est de ma conscience, toutes mes actions ne marqueront moins la bienveillance d'eux tous et du peuple qu'a fait madame ma belle-mere, et qu'ainsy vous n'aurez jamais sujet de m'estimer indigne, ny de l'honneur que j'ay d'être votre sœur, ny de votre amitié. Continuez-moy mon brave Roy, celle que vous m'avez promise en partant, et me la témoignez en cette supplication très-humble que je vous fais encore, et sur laquelle je donneray fin à cette lettre, vous baisant mille fois, mon cher et brave Roy ; si vous me faisiez l'honneur de leur en écrire bien expressement, je crois, mon Roy, que cela me serviroit extremement ; toutefois mon Roy, je remets à votre jugement à y apporter le remede que vous jugerez le meilleur et le plus prompt ; car il en est besoin et dès cette heure.

LETTRE LXIX.

DE LA MÊME.

Mon cher Roy,

J'ay été si malade tous ces jours que j'ay été contrainte de demeurer icy deux jours, ayant tant de foiblesse que dès que je me leve je m'évanouis et ay la fievre; toutefois je ne ne laisseray de partir demain pour aller à Bar, où monsieur mon beau-pere m'attend; delà, mon cher Roy, je vous manderay comme je me seray portée. Je me persuade que vous n'aurez pas désagréable que petite sœur vous fasse ressouvenir d'elle, et de son immuable affection, service très-humble et obéissance qu'elle vous a voué pour tout le reste de sa vie.

Ah! mon cher Roy, que je ressens votre absence; je crois que la cruelle douleur que je ressentis vous disant ce mot d'adieu est cause du mal que j'ay; je prie Dieu que je puisse dans peu de temps avoir l'honneur de vous voir; cependant honorez-moy toujours de la continuation de votre bonne grace, et me permettez qu'en finissant cette lettre, n'ayant plus de force de l'allonger, je vous donne le bon soir et mille baisers, mon cher et brave Roy.

LETTRE LXX.

DE LA MÊME.

Mon cher Roy,

Ce porteur vous dira comme il fait beau en ce pays, et même comme il y a trouvé de la ressemblance à celuy de Bear, je voudrois que nous eussions cet honneur que vous en vinssiez juger; le bruit qui court ici nous en donne espérance; mais ne l'ayant pas par vous, je ne la puis bien prendre. J'attends Vaginer et la Fourcade pour savoir de vos nouvelles. Ils seroient bien venus, s'ils m'apportoient la nouvelle que vous venez ou que vous m'envoyez querir.

Nous avons ici ma belle-sœur la duchesse de Bavière, qui est une fort honnête Princesse, et de fort gaye humeur. Elle eut bien desiré que vous avés à venir icy; c'eut été cependant qu'elle y est. Elle n'y demeurera guère. Je finiray cette lettre, vous suppliant très-humblement, mon cher Roy, de m'aimer toujours, et que l'absence ne m'éloigne point de votre bonne grace; car sans cela je ne voudrois pas vivre.

Je bevray des eaux que j'ai fait venir de Bear; je commenceray demain. Je verray si cela me fera plustost vous faire un petit page ou une petite fille pour servir celle que vous aurez; mais j'ay bien opinion que je n'en auray point que je n'aye l'honneur de vous voir; car on dit qu'il faut être contente pour en avoir, et je ne le puis être sans cela. Adieu, mon cher Roy, je vous baise mille fois.

LETTRE LXXI.

DE LA MÊME.

Mon cher Roy,

Encore que je vous aye écrit depuis trois ou quatre jours, par Lavarane, je n'ay voulu faillir de vous écrire par ce porteur, pour vous faire ressouvenir de petite sœur qui vous aime plus que sa vie. Croyés-le, mon brave Roy, et m'aimez bien ; je meurs d'envie de vous voir. Si j'ay cet honneur-là, me donnerez une seconde vie; Lavarane vous aura tout conté ce qui s'est passé icy.

J'ay toujours été au lit depuis que l'Infant est party, mais ce n'est que de rhume; maintenant je me porte mieux. Monsieur mon mary m'a commandé de vous baiser très-humblement les mains, et de vous assurer qu'il est votre serviteur très-humble. Il vous eut écrit, mais il est si extrêmement enrhumé qu'il en a la fièvre, et une si grande douleur de teste qu'il ne peut durer.

Il m'aime toujours de plus en plus. Croyés,

mon Roy, que je suis la plus heureuse et la plus contente femme qui vive. Vous m'avez mis en ce paradis; permettez-moy, mon cher Roy, qu'à toute heure je vous en rende très-humbles graces. Bon soir, mon roy, je vous baise cent mille fois.

LETTRE LXXII.
DE LA MÊME.

Mon cher Roy,

La Route vous allant trouver de la part de monsieur mon mary, je ne l'ay voulu laisser aller sans vous faire ce mot, pour vous dire l'extrême joye que votre lettre m'a apportée, m'assurant que vous nous voulez faire l'honneur de nous venir voir : je le desire tant que je ne l'ose espérer. Surprenez-nous bientôt, mon brave Roy, et ne changez point de dessein, car je vous jure que je ne saurois vivre sans vous voir ; c'est trop d'être neuf mois sans cet honneur.

Monsieur mon mary est allé accompagner madame la duchesse de Bavière, et ne reviendra de huit ou dix jours. Monsieur mon beau père est demeuré, achevant une diette qu'il a commencée, qui finira dans un ou deux jours. Je ne fais que songer au jour heureux que j'embrasseray mon cher Roy ; cette imagination m'est si douce, que je l'ay jour et nuit.

Je crois fort bien ce que vous dites, que vous aimés bien, et êtes bien aimé : il y a de quoy à l'un et à l'autre. Quant à votre mariage, c'est là où j'espère bien faire la bonne servante. Je conseilleray fort bien la mariée : je crois bien que vous aurez plustost un enfant que moy, car vous savez déjà comme il les faut faire, et moy l'on m'a pric si ignorante en tout cela que, quand j'ay eu appris à en faire, je ne les ay sçu garder. Mais puisque vous me commandez d'en avoir, j'y feray tous mes cinq sens de nature, ou j'en auray bientost. Ce style est bien différent de celui il y a un an.

Voilà ce que c'est, mon Roy, quand on est avec les hommes, on apprend ainsy à parler Je ne changeray jamais de celuy qui vous assurera qu'en quelque condition que je sois, mes volontés dépendront plus de vous que de tout ce qui est au monde. J'ay un mary qui autorisera bien toujours ce serment que je vous en fais, et qui vous en fera bien toujours un pareil, et sur cette vérité, je vous baise mille fois mon cher et brave Roy.

LETTRE LXXIII.

A M. L'ÉVÊQUE D'ÉVREUX (le Card. du Perron.)

St.-Germain-en-Laye, 16 Juillet.

M^r. d'Evreux, je vous fayt ce mot de ma mayn, et vous dépesche ce lacqué exprès pour vous dyr qu'ayant besoyn de vostre servyce, je vous prye yncontynant me venyr trouver à Parys où je ceray, aussy ma sœur est ycy, et yauray à plesyr que vous luy parlyés, et j'espère que ce cera avec profyt. A dieu, M. d'Evreux, lequel je prye vous avoyr en sa saynte et dygne garde.

LETTRE LXXIV.

AU PRINCE DE JOINVILLE,

Dernier Février 1602.

Mon neveu, vous avés raison d'avouer votre faute, car elle ne pourroit être plus grande, en égard à moy et à celle à qui elle importoit. Puisque vous avez regret de m'avoir offensé, et me suppliez de vous pardonner, je le veux, à la charge que vous serez plus sage à l'avenir, et pour le vous témoigner, préparez-vous pour aller en Hongrie avec M. le duc de Mercœur, lorsqu'il y retournera, et quand il sera prêt à partir pour ledit voyage, je trouve bon que vous me veniez trouver, pour être près de moy trois ou quatre jours, affin que avant votre partement, je fasse reconnoître à tout le monde et à vous aussy, que mon naturel est d'aimer mes parens quand ils sont gens de bien et sages. Adieu, mon neveu.

LETTRE LXXV.

A M. LE CONNESTABLE.

7 Avril 1502.

Mon compère, je suis de l'avis de mon cousin le duc de Mayenne et de vous, que ces princes n'ont nul sujet de querelle; je vous ay commandés à tous deux, qui leur tenés lieu de père, de les accommoder, et vous baille mon autorité pour luy apporter en tout ce que vous l'y trouverez nécessaire. Vous savez comme je desire de voir mes princes bien ensemble, et comme je suis ennemy des querelles, parachevez cet œuvre: j'espère vous voir mardy. Je crois que ma femme est grosse pour le certain: voilà la meilleure nouvelle de Fontainebleau.

ACCOMMODEMENT

écrit de la propre main d'Henry IV (1).

M. le prince de Joinville dira à M. le Grand, qu'il l'a blessé mal-à-propos et avec avantage : s'il eût eu une espée il s'en fut empêché, et luy eut fait courre autant de fortune qu'il l'eût pu faire à luy : que s'il étoit en sa place, il se contenteroit de pareille satisfaction, et si la compagnie luy ordonnoit d'en faire davantage il le feroit : le priera luy remettre la faute ou offense, de l'oublier, et qu'ils demeurent amis.

M. le Grand, dira, se retournant vers M. le connétable et maréchaux : « M.rs trouvez-vous que je sois satisfait, car j'aimerois mieux mourir que de préjudicier à mon honneur.

M. le connétable et maréchaux, diront, oui, puisque vous le trouvez ainsi :

Se tournant vers M.r le prince de Joinville, il dira, puisque vous m'en priez, je oublieray cette offence, et demeureray votre serviteur.

(1) Le double de cette piece est dans la Bibliothèque du Roi, écrite de la main du Roy.

L'ORDRE ET FORMALITÉ

qui s'observera à l'Entrevue et accord de MM. le Prince DE JOINVILLE et LE GRAND.

Ayant convenu du jour, qui sera au plus-tôt qu'il se pourra, M. le connétable, et M^{rs}. les maréchaux de France, s'achemineront en un logis qui leur sera apprêté en la Villette-lez-Paris.

Auquel lieu M. le prince de Joinville viendra dans un carosse, du costé de St.-Denis, avec ses parens, sans plus grande compagnie que ceux qui seront dans ledit carosse, et descendra au logis qui luy aura été apprêté.

M. le Grand y viendra pareillement avec ceux de ses amis qui pourront dans son carosse, sans plus, et descendra au logis apprêté pour luy.

Puis après, les uns et les autres viendront au logis dudit seigneur connétable, et M^{rs}. les maréchaux, pour faire l'accord selon qu'il aura été résolu.

Cela fait, si le Roy est proche ce jour même, tous s'en iront le trouver, sauf ledit sieur de Joinville, qui s'en retournera à St.-Denis pour supplier très-humblement S. M. de permettre, en leur faveur, que ledit sieur, prince de Joinville, lui vienne faire la révérence.

Ce que S. M. leur ayant accordé, il y viendra et y demeurera tout ce soir, près d'elle si elle l'a agréable.

Le lendemain prendra congé d'elle pour s'en venir à Paris, où il ne demeurera que trois jours pour le plus, passé lesquels il s'en ira à Soissons, et de-là à Joinville faire son équipage, pour aller voyager sans plus retourner trouver S. M.

Quand aux sûretez et cautions qu'on desirera de luy, le sieur de Chanvallon, pour M. de Lauraine, et M^{rs}. de Mayenne et de Guise les bailleront, et signeront telles qu'il plaira à S. M.

POUR LE SUJET

de la querelle d'entre M. le Comte D'AUVERGNE et M. le Prince DE JOINVILLE.

L'INTENTION de M. le Connétable, et de M. du Mayne, fut de faire embrasser M^{rs}. les prince de Joinville et comte d'Auvergne, sur le jugement qu'ils firent, qu'il n'y avoit querelle entr'eux.

M. le Connétable voulut venir chez M. du Mayne, qui enfin accorda la prière que luy fit M. le Connétable de dîner chés luy, et y mena M. le prince de Joinville, qui vint seul avec M. du Mayne.

Après le dîner, M. le comte d'Auvergne y arriva seul par la grande salle, M. le Connétable, M^{rs}. d'Espernon et de Bouillon allèrent le trouver, puis fut prié M. du Mayne de se souvenir de ce qu'il avoit répondu à M. le Connétable, en l'absence de M. le prince de Joinville, sur les bruits épandus à la cour, qu'en Lorraine il avoit parlé mal-à-propos dudit sieur comte, ce que M. du Mayne accorda volontiers pour la vérité de la chose, et non pour satisfaction, puisqu'il n'y avoit point de querelle.

Il dit donc que, en la présence de M^rs. le Connétable, d'Espernon, de Bouillon et de Chanvallon seulement, que son neveu luy avoit assuré n'avoir jamais tenu les langages qui courroient; que son intention n'avoit été de l'offenser, et que s'il en eût eu sujet, il eût choisy la voie des gens d'honneur, et non autre.

Lors M. du Mayne appella M. le prince de Joinville pour les faire embrasser, ce que l'un et l'autre firent si promptement, que M. le Connétable, ny M. du Mayne, ne leur dirent un seul mot.

Aujourd'huy vingt-quatre avril 1602, se sont rendus chez M. le Connetable M.rs du Maine et prince de Joinville avec cinq ou six de leurs domestiques. Aussitôt M. le Connetable a mandé M. le comte d'Auvergne de s'y trouver, qui est allé avec cinq ou six des siens domestiques seulement comme les autres, et parce que étant princes on ne les fait jamais voir, ny parler ensemble, que les paroles qui se doivent tenir n'aient été rapportées par quelque personnage de qualité et de marque, proche parent ou intime amy de celuy qui doit parler. M. du Maine luy-même a voulu dire ce qui en suit, parlant à M. le Comte, en présence de M. le Connetable et des assistans.

Monsieur, je vous avois toujours bien dit que c'étoit chose mensongere et malicieusement inventée de ce qu'on a voulu dire de M. le prince de Joinville mon nepveu; il est venu icy pour après moy vous le confirmer lui-même : c'est qu'il n'a jamais eu volonté, ny pensé faire déplaisir, ny offenser madame la Marquise, ny vous, et ce qu'il a fait et dit n'a été qu'une grande et violente passion d'amour qu'il portoit à madame de Villars, dont la vérité a été assez reconnue et manifestée à tous par les faveurs qu'il en a reçues, et que quant aux propos dont on l'accuse avoir tenus au contraire lorsqu'il a été en Loraine, il s'oblige et vous supplie de le publier partout où vous trouverez bon qu'il fera mentir et mourir tous ceux qui diront le contraire de sa premiere déclaration. A quoy ledit sieur Comte a répondu :

Monsieur, J'ay cru que la force de la vérité feroit toujours tenir tel langage à M. le prince de Joinville, sur quoy M. du Maine a répondu : Monsieur ; je le vous vais quérir, afin que luy-même vous affirme ce que je vous viens de dire de sa part. Alors est venu ledit sieur prince de Joinville à quy M. le Connetable a dit : monsieur, parlés, qui a commencé à dire à M. le comte les mêmes propos qu'avoit tenus M. du Maine, jusqu'à ce que M. le Connetable a dit : c'est trop parler, il se faut embrasser, ce qui a été fait aussitost. M. le prince de Joinville a tenu à M. le comte d'honnêtes propos, et qu'il étoit son serviteur.

Monsieur du Maine a pris la parole et a

dit à M. le comte : monsieur mon neveu est votre serviteur, et desire demeurer en vos bonnes graces, et moy aussy, à quoy M. le comte a répondu, monsieur je suis le vôtre et le sien ; là dessus M. le comte a dit adieu à M. le Connetable et à la compagnie et s'en est allé hors de cette ville à la chasse pour deux ou trois jours.

M. d'Epernon et M. le maréchal de Bouillon se sont trouvés sur la fin de cette affaire.

LETTRE LXXVI, et dernière.

AU COMTE DE SAINT-PAUL.

à Gaillon, 19 Août.

Mon Cousin,

J'ay vu les lettres que messieurs de Brissac et la Rochepot m'ont apportées de vous, je les ay ouys sur l'affaire qu'ils avoient eu charge, en quoy je ne vois qu'une continuation de désobéissance au comte de Soissons, avec des plaintes de moy plus pleines d'animosité que de vérité. Je ne sais quel plaisir il prend de m'offenser chez moy ; conseillez-luy de s'en aller chez luy passer sa colere, car je ne le puis plus endurer, et si à mon retour il est revenu à soy je seray très aise de le voir. Gros cousin, je vous aime de tout mon cœur et vous donne le bon soir.

FIN DES LETTRES D'HENRI IV.

LETTRES

DE M. L'ABBÉ FLECHIER,

de l'Académie Française.

LETTRE PREMIERE (1).

A Mlle DE LAVIGNE.

Ce Mardi matin.

Je vous cherche depuis trois jours un personnage tendre à représenter, mademoiselle, et je viens de parcourir toutes les comédies de l'un et de l'autre Corneille. Je meurs d'envie de voir si vous pouvez parvenir à imiter ce caractère, et je crains bien que vous n'ayez trop bonne opinion de vous la-dessus, vous qui êtes si modeste en toute autre chose. Qui pourroit s'imaginer que vous fussiez une aussi bonne réciteuse de vers tendres que vous le dites ; il y a pourtant de votre honneur de jouer ce rôle fort naïvement, et je m'intéresse trop

---

(1) Un critique austère, après avoir lu ces Lettres, les trouvera peut-être au-dessous de la dignité de ce célèbre Académicien ; mais M. Fléchier, avant que d'être Evêque et même Orateur, fut homme ; il était jeune, lorsqu'il écrivoit ces Lettres galantes. Pourrait-on lui faire un crime d'avoir été sensible ?

à votre réputation pour ne vous donner pas un avis que je crois nécessaire pour bien réussir dans votre dessein avant que de vous choisir une passion à réciter.

> A cet étrange personnage,
> Si vous voulez avec honneur
> Raccommoder votre visage,
> Accoutumez-y votre cœur.

> Ne comptez point sur votre adresse ;
> Vos yeux auront peine à mentir ;
> Pour bien exprimer la tendresse,
> Le secret est de la sentir.

> Que faites-vous de votre esprit ?
> Aimable Iris, je vous admire ;
> N'avez-vous rien de tendre à dire,
> Que ce que Corneille en a dit ?

> Est-ce à la beauté trop sévère
> Que vous voulez vous en tenir ?
> Et pourquoi faut-il contrefaire
> Ce que vous pouvez devenir ?

> Parlez d'amour en vers, en prose,
> Faites-en toute la façon ;
> Croyez-moi, c'est toute autre chose,
> Quand on en parle tout de bon.

Pour réciter avec ardeur,
Les sentimens d'une amoureuse peine,
Iris, il faudroit que la scène
Se pût passer dans votre cœur.

Dussiez-vous essayer sur M. du Perrier, mademoiselle, il seroit bon de commencer par avoir un peu de tendresse; je ne sais si vous profiterez de mon avis, mais il m'a paru nécessaire, et je vous le donne en bon ami: faites-moi savoir si vous m'en savez quelque gré.

LETTRE II.

A MADEMOISELLE ***.

J'ai bonne opinion de votre vertu, mademoiselle, mais j'estime beaucoup le grand Visir. Soyez Judith tant qu'il vous plaira, je vous assure que vous aurez à faire à un galant Holopherne; les dames ne sont plus si terribles qu'autrefois, et messieurs les Holophernes quand ils sont braves et bienfaits ne meurent plus si sottement. Celui d'Assyrie n'y entendoit rien, le turc est bien plus adroit, et si vous vouliez luy ôter la vie, il auroit peut-être de quoy la racheter ; il est honnête, il est généreux, il est constant, il a tant de bonnes qualités, à ce qu'on dit, que vous auriez assurément pitié de luy ; pour moy j'aurois pitié de toutes les Judith qui auroient le courage de l'attaquer.

> Vous eussiez vu sur son visage
> Les graces et la majesté ;
> Et peut-être eut-il arrêté
> Votre zèle et votre courage.

Il eut paru trop beau dans son superbe lit ;
Pour moi, qui m'intéresse à ce qui vous concerne,
J'aurois plus craint pour le cœur de Judith,
Que pour la tête d'Holopherne.

Vous êtes fiere, mademoiselle, vous êtes prude ; je ne vous conseille pas d'entreprendre une expédition comme celle-là, il vous en coûteroit peut-être plus qu'au tyran, peut-être ne perdroit-il pas la vie, et vous pouriez perdre quelqu'autre chose, que les demoiselles sages comme vous estiment autant. Nous ne sommes plus au siecle des héroïnes ; demeurez en France si vous me croyez, et pensez qu'il y a peu de Judith aussi braves et aussi heureuses que l'autre, et qu'il n'y a plus d'Holopherne aussi sot que l'ancien.

Judith alla dans le camp infidèle,
Et fit mourir, dans l'ardeur de son zèle,
Son terrible et barbare amant,
Qui très-assurément
Ne la toucha pas seulement.
Elle revint aussi chaste que belle ;
Mais dans la loi nouvelle,
On vit un peu plus galamment,
Qu'on ne vivoit dans l'ancien testament ;
Je crois que vous irez comme elle,
Climène, mais apparemment,
Vous en reviendrez autrement.

Le moyen le plus sûr de sauver Candie seroit de vous laisser vaincre au grand Visir; cette seule victoire pourroit luy faire perdre le goût de l'autre; mais je crois que vous abandonnerez cette place à son destin. Bon jour, mademoiselle.

LETTRE III.

A MADEMOISELLE......

St.-Germain-en-Laye, ce 21 Mai.

Les pélerins que vous savez arriverent hier icy, mademoiselle, fort échauffés de l'ardeur du soleil, et de la chaleur d'une dispute qui avoit été opiniâtre, depuis le fauxbourg St.-Honoré, jusqu'à la porte du château de St.-Germain. J'appris que chacun avoit soutenu ses opinions vigoureusement; M. l'abbé de la Broue et M. de Cordemoy prirent un ton aigre, et firent des gestes violents pendant deux heures, et croiriez-vous que M. Regnier fut scandalisé de leur opiniâtreté et qu'il trouva que les Cartésiens étoient des esprits trop contredisans. On l'a pourtant appaisé depuis, et il demande avec beaucoup de soumission à être initié aux mystères des petits corps, promettant pour le moins d'être aussi contredisant qu'un autre, lorsqu'il s'agira de combattre pour la vérité. Je ne vois personne qui ne soit persuadé qu'il réussira admirablement, et qu'il fera grand honneur à la secte.

Nous fûmes tous ensemble à la messe de monseigneur le Dauphin, et ils se retirerent avec M. de Condom qui leur donna très-bien à diner. Je reçus pendant ce temps-là une visite de M. de Maury qui me chargea d'un grand exemplaire d'un poëme latin qu'il a composé, et qu'il estime plus que toutes ses autres pieces latines; il m'assura qu'il auroit l'honneur de vous en aller présenter dès qu'il seroit arrivé, et il me témoigna une extrême joye, quand je luy dis que votre santé étoit entierement revenue, et qu'il trouveroit en vous tout ce qu'il cherche en ses amis, que cela soit dit en passant, pour vous consoler de ce que vous l'aviez perdu.

Il paraphrase les proverbes, il en sera bientôt au Cantiques des Cantiques; il fera beau l'entendre sur certains passages, surtout sur l'*inter ubera mea commorabitur;* il ne peut souffrir cet endroit où l'épouse dit que sa sœur, *parva est et ubera non habet*, et s'il l'en faut croire, le passage est apocryphe. Quoi qu'il en soit, j'allai joindre nos amis chez le prélat qui les avoit arrêtés, et je les trouvay sur une grande question touchant les légumes, soit pour donner lieu à l'assemblée de disputer, soit pour donner occasion à ceux qui ne sont pas austères d'amplifier un peu la collation du soir.

A peine fut-on hors de table qu'on chercha quelque sujet agréable qui pût servir d'entretien. M. de Condom qui voulut régaler les hôtes, leur donna deux papiers où étoient les vers de M. Descartes, et la réponse que vous y avez faite; M. Regnier se chargea de les lire, et le lecteur du Roy qui étoit présent les relut sans que personne s'ennuyât. Les uns disoient que vous aviez pris un tour très-fin et très-délicat; que vous aviez les parties du cerveau...... Je vous demande pardon, j'ay oublié comment il faut avoir le cerveau pour être bel esprit, suivant vos opinions. Les autres disoient que les premiers vers faisoient tort au reste de l'ouvrage, et qu'à quatre vers près, où il étoit parlé d'apparition, votre réponse étoit merveilleuse; enfin, les plus critiques furent d'avis que vous parliez un peu trop froidement à un mort.

Du reste, ils s'écrierent plusieurs fois que vous aviez le goût des anciens, et que vos vers cheminoient fort bien. Chacun parla ensuite de votre esprit, de votre capacité philosophique, de votre sagesse, de votre modestie et de quelqu'autres vertus qu'on louoit en vous. Je ne sais si je dois les en croire, car vous aviez averti confidemment un de vos amis que j'étois ici votre espion, et je craignois qu'il ne le fût aussi à mon égard; ainsi personne n'osa rien dire qui ne fût à votre avantage.

Nous allâmes quelque temps après voir le cabinet du Roy, et, après quelques réflexions morales, nous fûmes d'accord un abbé et moy qu'il y avoit une petite chambre dans Paris, qui n'étoit ni si bien peinte, ni si dorée, mais qui valoit mieux que tout l'or, que toutes les peintures du monde. Vous voyez par là, mademoiselle, que l'on parle de vous, non-seulement dans la chambre, mais encore dans le cabinet du Roy, parce que je voudrois que vous eussiez vu ce cabinet : il est tout plein de petits amours.

L'un allume ses feux, l'autre aiguise ses traits ;
L'un menace de loin, l'autre attaque de près ;
L'un, sur un tas de cœurs, prêt à lancer la foudre,
Se rit des malheureux qu'il va réduire en poudre :
L'autre suit une ingrate et pour l'attraper mieux,
S'arrache le bandeau qui lui couvre les yeux.

Vous serez bien effrayée, mademoiselle,

un jour que vous verrez cela, car j'espere que vous le verrez lorsqu'une amie de M. l'abbé de la Broue viendra ici : que cela soit dit sans dessein de vous donner de la jalousie contre votre ami. Je ne suis pas si malin, pardonnez-moi parenthèse sur parenthèse, vous serez, dis-je, bien effrayée, et Dieu veuille que vous en soyez quitte pour la peur ; car comme je voyois tous les petits dieux ou petits lutins, et que je disois qu'il n'y avoit que vous qui leur puissiez résister, j'entendis une voix terrible :

C'est ici que nous l'attendons ;
Pense-t-elle éviter des traits comme les nôtres ?
Elle verra ce que nous lui gardons ;
Nous en avons blessé bien d'autres.

Je vous assure que je suis encore épouvanté de cet oracle, il n'y a que moi qui l'ai entendu et je serai discret.

Après que nous eûmes rendu cette visite aux amours, nous allâmes prendre le frais dans le boulingrin, où les disputes se renouvellerent ; néaumoins on ne fit qu'escarmoucher, parce que la machine vouloit se divertir, et la substance, qui pense, étoit un peu fatiguée par la grande application du matin. M. Regnier ne parla que d'esprit, de sensation et de petits corps, après quoi nous fîmes collation ensemble; il y eut des sensations, des sensations poivrées et la philosophie.

Voilà, mademoiselle, la premiere journée du pélerinage; je vous ferai la relation de la journée d'aujourd'hui à la premiere occasion, croyez cependant que je suis, à quelque journée et à quelque heure que ce soit, votre très-humble et très-obeissant serviteur.

LETTRE

DE M. L'ABBÉ C.... (1).

A MILADY MONTAGUE.

Madame,

Vous voyagez en philosophe, et par vos remarques, vous donnez du prix et de l'éclat aux plus belles fables des Grecs. Il me semble de vous voir toute ravie en extase sur le bord de l'Hébre; vous n'avez pas seulement imaginé, vous avez vu la tête d'Orphée: la tendresse et l'horreur se sont saisis de votre âme à ce triste spectacle, et vous avez pleuré, lorsque la tête a prononcé le nom de la misérable Euridice, et que le rivage et les flots l'ont *répliqué*.

Ah ! miseram Euridicem, anima fugiente vocabas,
Euridicem toto referebant flumine ripæ.

(1) Cette Lettre est d'un étranger, la lettre capitale C, qu'on y trouve pour toute signature, le style et d'autres motifs rapportés dans mon Avant-propos, m'ont fait croire qu'elle est de M. l'abbé *Conti*. Il m'est démontré qu'elle est adressée à Milady *Montague*. *Voyez le passage de l'Avant-propos à ce sujet.*

Les vers sont beaux, mais d'où vient, Madame, que vous ne m'avez pas mandé ce que vous avez pensé vous-même dans cet heureux moment d'esprit poétique? ce n'est pas la première fois que vous avez surpassé Virgile. Votre Orphée auroit bien valu le sien, comme votre Ombrelie et votre Sharper, valent sa Galatée et son Alexis.

Je ne doute pas que les poésies Arabes soient pleines d'agrément et d'esprit. Apollon leur dispense sa lumière et sa chaleur à bon marché, et leur manière de vivre, de penser et de voir leur ciel toujours serein, et leur pays toujours riant, fournissent à leur imagination des idées douces et agréables, qui font leur poésie si harmonieuse et variée; mais, que je meure, Madame, si vous y avez trouvé rien d'approchant à l'idée de votre paradis. On dit, chez nous, que Mahomet a condamné les dames Turcques à la grille du paradis, et que pour tout spectacle il ne leur a donné que la vue ingrate de ces dames immortelles, aux grands yeux noirs, qui sont destinées aux fidèles serviteurs du Prophète. Quel plaisir donc pour les dames Turcques de votre connoissance, si par de bonnes et de solides raisons, vous leur faites voir que cette grille du paradis n'est qu'un beau miroir magique, qui, à chaque instant, augmente leurs beautés et leurs charmes! Permis à vous, madame, et à tout autre discret commentateur de l'Alcoran, d'ajouter au spectacle de la beauté augmentante, ce que vous trouverez plus au goût des dames d'Orient.

Vos gens du Nord sont d'opinion, que les images des Arabes et des autres orientaux sont trop hardies et trop enflées; mais, à mon avis, ce jugement est plutôt fondé sur la foiblesse de leur imagination, et les préjugés de leur pays, que sur le bon sens et la raison.

Les nerfs et les fibres du cerveau des septentrionaux sont aussi rigides par le froid, que les nerfs et les fibres de leur langue, et par conséquent ils ne sauroient former qu'un discours tout plein de monosyllabes; ainsi ils ne sauroient peindre par ces images plates et languissantes, l'objet qui ne touche l'esprit ni le cœur. C'est peut-être là la raison qu'une dame Turque, toute seule sur son sopha, a autant de plaisir à s'entretenir avec les fantômes d'amour, de jalousie et d'espérance, que les dames d'Angleterre en ont à se promener à deux heures du matin dans le parc avec leurs amans.

Vous êtes née dans le Nord, Madame; mais

malgré toute sa glace et ses propriétés, n'est-il pas vrai que vous aimez mieux vous promener toute seule sous le beau ciel, et dans les bois délicieux de Constantinople, que d'être à la cour d'Angleterre, et d'y briller par votre esprit, par votre beauté et par vos adorateurs.

C'est, Madame, que vous trouvez en vous-même un fonds inépuisable d'idées originales, et que par force d'un raisonnement solide vous êtes convaincue, qu'il est mieux de s'occuper à développer des pensées sublimes, qu'à écouter des flatteries importunes.

Cela sent le roman, dit-on : les pauvres gens ! Est-ce qu'on peut faire un roman sans esprit et sans connoissance? Ne faut-il pas connoître toutes les ruses, toutes les foiblesses, tout le vuide du cœur humain ? Ne faut-il pas posséder le grand art de séparer ce qu'il y a de ridicule, de bas, de sauvage, d'extravagant, dans le monde, pour y mettre à la place ce qu'il y a de plus délicat, de plus poli, de plus éclairé et de plus sage ? Voilà l'idée du véritable roman, et de vos pensées, Madame.

Je ne saurois croire, que le gouvernement des Turcs soit si barbare, et leur religion si ignorante, que l'on le dit en Europe. Il me semble que les Turcs, ont mêlé ensemble les idées des Califs, des anciens Persans, des anciens Grecs; ils imitent le zèle et le courage des premiers, la puissance sans bornes, et la magnificence sans pareille des seconds. Ils nous surpassent beaucoup en qualité de conquérans, et en nombre des faits éclatans, et nous ne saurions admirer assez la rapidité et l'étendue de leurs conquêtes. C'est ce qu'il y a eu jamais de mieux concerté, que la méthode dont ils se sont servis pour dompter les Mamelucks, et pour détruire les Sultans d'Egypte; rien qui marque plus de finesse, et de prévoyance que la profession, qu'ils ont faite de l'Alcoran, pour s'emparer plus aisément, en peu de temps, de toute l'Asie. Ces Tartares, qui, après avoir conquis la Chine, se sont conformés à la religion et aux maximes de Confucius, n'ont qu'imité les Turcs. Cependant tous ces peuples passent chez nous pour des ignorans et des étourdis, et nous oublions, que les sciences, les arts et les Dieux, sont venus de l'Orient, et que nous avec tout notre bel esprit Européen, n'avons fait autre chose, que d'être leurs commentateurs ou interprètes. Corrigez, Madame, mes idées, je vous en supplie; si peu, que vous me direz là-dessus, m'éclairera davantage, que tout ce que je puis lire dans les livres des voyageurs, où il n'y a que beaucoup d'emportement et de menteries.

Les Turcs n'ont qu'un pas à faire pour être déistes. Le sont-ils, en effet? et laissent-ils les cérémonies de la Mosquée aux femmes du sérail et aux gens du commun?

On m'a dit, qu'il y a des Manichéens, ainsi que des Fatalistes parmi les Turcs, et que leurs docteurs ne sont pas moins forts et moins féconds en disputes sur la Providence et la destinée, que les Ariminiens et les Gomaristes le sont en Hollande, ou que les Jansénistes et les Jésuites, le sont en France. Est-il vrai?

Les Turcs ont-ils des Universités? Les sciences y fleurissent-elles, et a-t-on traduit en Turc Euclide, Apollonius, et les livres de l'Astrologie judiciaire?

Quelle race d'hommes sont leurs moines, leurs saints, leurs Anachorètes? Voyent-ils la lumière de l'écriture divine, à force de se regarder le nez, comme les Chinois nous le disent? Font-ils des miracles, et en font-ils faire à leurs prophètes?

Quand j'étois à Paris, j'ai vu la musique et la danse, dans laquelle les Dervis s'exercent dans la chaleur de leur dévotion. Ne m'envoyez point la description de la Sybille Cumée dans l'antre; je la sçais, envoyez-moi ce que vous pensez, en voyant un Dervis tailler des caprioles en vertu de la Divinité qui l'agite.

Oserois-je vous prier de me mander, si à Constantinople nos bons Européens se sont avisés de faire des observations sur les changements du baromètre et du thermomètre, et si on croit, que toute la variation dépende de celle des vents? Comme le ciel de Constantinople est toujours serein et tranquille, les vents ne doivent pas y dominer beaucoup, à moins que les tempêtes des mers voisines ne causent des grands tourbillons dans l'air.

A la vue d'Abidos et de Seste, avez-vous pensé à l'histoire de Léandre, et les ruines du palais des empereurs n'ont-ils pas réveillé dans votre esprit l'idée de la fille de Leontin, qui fut Impératrice?

A-t-on fait des observations sur la naissance de ces tulipes, qu'on estime si fort en Europe? On m'a dit qu'on mêle ensemble leurs semences, et qu'on fait naître par-là des tulipes les plus bizarres du monde. Croyez-moi que si on faisoit les mêmes expériences sur les animaux, nous verrions bien des extravagances; mais on n'en voit pas moins dans les inclinations et les humeurs des hommes. Combien y en a-t-il, qui mêlent ensemble différens principes, et qui font de leur esprit un vrai grotesque. J'appelle ces sortes de créatures-là des créatures à pièces rapportées; la cour en fourmille aussi bien que la ville: mais je voudrois savoir s'il y en a plus en Europe qu'en Asie. Ce petit échantillon, que vous avez envoyé de l'esprit des femmes, que vous avez vu dans le bain, fait assez croire, que l'Europe l'emporte. Les femmes d'Asie ont moins de colifichets et de gothique que les nôtres; le gothique n'est pas seulement dans les habits, mais dans leur tête, dans leur cœur et dans leur esprit: je suis avec tout le zèle imaginable, etc.

C.

LETTRE

DE

M. DE SURGERES-LAROCHEFOUCAULT,

A SA FEMME;

OU

VOYAGE A SURGÈRES,

tant en prose qu'en vers.

LETTRE

DE M. DE SURGÈRES (1)

A MADAME DE S***.

Le 13 Septembre 1732.

Nous sommes arrivés ici, ma chère femme, après maintes aventures, que je vais vous décrire de mon mieux.

<pre>
    Bien me siéroit le talent de Chapelle,
    Pour raconter tant de faits surprenans ;
    Mais au défaut de ces sons si touchans,
    De cette grâce et simple et naturelle
    Que cet Auteur mettoit dans ses écrits,
    Vous allez voir une Muse tremblante,
    Dont rien ne peut animer les esprits ;
    A mes désirs elle est peu complaisante,
    Je lui reproche en vain tant de rigueurs,
    Je n'en suis pas mieux traité de l'ingrate ;
</pre>

(1) C'est de lui que M. de Voltaire dit dans son Temple du Goût.

<pre>
    Ne craignez point, jeune Surgère,
    D'employer vos soins assidus
    Aux beaux vers que vous savez faire.
</pre>

Ainsi mes vers sont dénués de fleurs ;
Ils n'auront point cet heureux tour qui flatte,
Cette harmonie et ces sons enchanteurs,
Charmant l'oreille et séduisant les cœurs.

Après s'être rendu justice, il faut, je crois, en venir au fait, et vous tenir ce que je vous ai promis.

En sortant de Paris, notre joyeux la Combe,
Broche des éperons, anime de la voix
Un cheval qui venoit de courir quatre fois ;
L'animal harassé fait un faux pas et tombe.
Notre courrier se relève à l'instant,
D'un saut léger il se remet en selle,
Et furieux, pique sa haridelle ;
Mais il a beau lui déchirer le flanc,
Rien ne lui donne une force nouvelle.
Ce même Dieu que l'on vit autrefois
Mener si vivement le trop chaste Hyppolyte,
Auroit en vain pressé cette rosse maudite,
La pauvre bête étoit presqu'aux abois.

M. de la Combe le connut à la fin ; ainsi il ne s'obstina plus à vouloir galoper, il se contenta d'aller un mauvais trot jusqu'au Bourg-la-Reine ; mais, loin d'être découragé par ce malheureux commencement, il n'en parut que plus animé, se promettant bien de réparer le tems perdu, dès que nous aurions changé de chevaux.

Lina le vit passer comme un foudre de guerre ;
Son coursier écumant faisoit trembler la terre,
Il franchit Arpajon en trois sauts seulement,
Trévoux même ne put l'arrêter un moment.

J'imagine, en le voyant courir ainsi, qu'il n'y a pas dans le monde un meilleur homme de cheval ; Baniere me paroissoit fort au-dessous de lui.

J'avois jugé très-fort à la légère,
En le mettant au-dessus de Banière,
Je l'apperçois bientôt se rallentir :
Et cette ardeur qui le faisoit courir,
S'éteint enfin à la sixième course ;
Mais comme il voit ma chaise pour ressource,
Il veut encor rappeller sa vigueur :
Il ne tient point à la longueur extrême
Du triste Etampe ; on le voit pâle et blême
Se récrier dans sa vive douleur :
« Auprès de toi, ville infâme et maudite,
» Rome, parbleu ! me paroîtroit petite ;
» O murs affreux, ne finirez-vous pas !
» Vous causerez sans doute mon trépas,
» Si je ne sors bientôt de votre enceinte. »
Pendant qu'il pousse au ciel sa triste plainte,
Et qu'il maudit l'étonnante longueur
De cet endroit qui feroit les délices
Et le bonheur d'un mangeur d'écrevisses,
Il apperçoit, pour comble de douleur,
De champs déserts une immense étendue ;
Ce nouveau coup accable son grand cœur.

« Tous les objets qui s'offrent à ma vuë,
» Me sont, dit-il, garants de mon malheur. »
En effet, je le vois se traîner avec peine,
Et je connois, à sa façon d'aller,
Que certain lieu dont il n'ose parler,
Chez lui présage une chûte prochaine.
Comment nommer l'endroit qui lui fait mal;
Il faut un nom qui ne blesse l'oreille,
Et qui pourtant exprime par merveille,
Pourquoi souvent un courrier à cheval
Se trouve pis qu'un forçat de galere,
Plus mal assis, plus tourmenté cent fois
Qu'un criminel sur le cheval de bois.
Ah! qu'un seul mot feroit bien mon affaire!
Mais c'est ce mot qu'il me faut éviter;
Le nom souvent est tout ce qui nous blesse;
Si l'on s'y prend avec délicatesse,
On peut tout dire, et se faire écouter
De la plus chaste et de la plus sévère.
Mais revenons au point de notre affaire,
Disons enfin que notre infortuné
Eût mieux aimé se tenir sur le nez,
Que d'être encor planté sur une selle.
Or, devinez d'où cette aversion
Pouvoit venir; la cause est naturelle:
Je finis là cette description.

Voilà, ma chere femme, notre début en sortant de Paris: M. de la Combe se trouva très-mal en arrivant à Tourry; je fus obligé de le mettre dans ma chaise, et de courir à mon tour; j'allai jusqu'à Blois; mais, voyant qu'il n'étoit point en état de monter à cheval, ayant les fesses écorchées (ce mot peut se dire en prose), je fis mettre un tabouret dans ma chaise, et nous sommes venus ainsi jusqu'à Surgères, sans qu'il nous soit arrivé rien de fâcheux à nous, ni à la voiture.

Nous n'étions ici que depuis deux jours, lorsqu'il m'arriva personnellement une autre aventure à laquelle vous avez part. Il faut de nouveau invoquer quelque muse, pour pouvoir vous la raconter: Apollon lui-même ne seroit pas trop bon; c'est vous que je vais chanter. M. de la Combe devoit avoir part à ce dernier morceau, mais sa paresse ne lui a pas permis de venir à mon secours; il se contente de critiquer ma poésie; j'espère que vous serez plus indulgente en faveur de mon projet.

Avant de commencer le second volume de nos aventures, il est bon de vous faire ressouvenir que j'ai déjà avancé que l'on voyoit autrefois des Fées dans le monde, que l'incrédulité des hommes étoit cause qu'elles se montroient fort rarement; ce qui vient de nous arriver va vous convaincre de la vérité de ce que j'ai déjà soutenu.

Un seul point me rend ce récit difficile. Les Fées se sont mises sur le pied, depuis quelque tems, de ne plus parler qu'en vers; elles sont si fort accoutumées au stile d'opéra, que la prose leur paroît insipide; elles ne me pardonneroient jamais, si j'allois vous raconter, d'un ton vulgaire, des faits qui les regardent: il est vrai qu'elles ne sont pas difficiles en poésie; pourvu qu'on rime, cela leur suffit; puissent ceux qui liront ceci penser de même!

Me promenant au bord d'une onde pure,
Sur un gazon tout parsemé de fleurs,
Considérant les brillantes couleurs
Et les beautés dont la simple nature
Enrichissoit ce paisible séjour:
Beaux lieux, disois-je, agréables retraites,
Vous méritez que l'art vienne à son tour
Vous embellir et vous rendre parfaites.
Ma main auroit prévenu tes désirs,
Dit une voix sortant du fond de l'onde,
Si la beauté qui cause tes soupirs,
Pour soulager ta tristesse profonde,
Avoit ici voulu suivre tes pas;
Oui, j'avois résolu de lui laisser la gloire
De rendre ce séjour digne de ses appas;
Mais la cruelle, ah! qui l'auroit pu croire,
N'a pas daigné s'informer un moment
Si la Beauce et Surgère étoient de même espèce.
C'est donc ainsi que l'on aime à présent;

Si tu m'en crois renonce à la tendresse
En finissant ces mots, je vois du fond des eaux,
S'élever à mes yeux une Nymphe charmante.

Vous vous attendez peut-être que je vais vous faire une description de sa personne, et de ses habits ; point du tout. Vous n'aurez rien de tout cela ; je vais seulement vous raconter fidèlement ce qu'elle m'a dit ; voici ses propres mots :

De mon palais, bâti sous ces roseaux,
Je gouvernois cette onde bienfaisante,
Ne songeant plus aux perfides humains ;
Lorsque j'apprends que le sort en tes mains
Vient de remettre une beauté charmante,
Qui doit bientôt te suivre dans ces lieux ;
Elle a, dit-on, une grâce touchante,
Un air modeste, aimable et gracieux,
Et son esprit répond à sa figure ;
Je m'intéresse aussitôt malgré moi
Pour celle dont on fait une telle peinture ;
En sa faveur, je prenois soin pour toi
De ces bois consacrés aux douces rêveries,
De cette onde et de ces prairies ;
Les arbres, à ma voix, ont formé ces berceaux,
Mon art a conservé le cristal de ces eaux ;
Mes mains en ont rendu les rives si fleuries.
Mais puisqu'on trompe mon espoir,
Je vais à la vengeance employer mon pouvoir ;
Il faut enfin punir qui nous outrage ;

Vous allez éprouver les effets de ma rage;
Ces bois vont devenir un antre ténébreux,
Ces ruisseaux ne seront que des marais affreux.

La Nayade fait le plongeon en achevant ces mots. En vain je veux l'appaiser, en lui promettant que vous serez du premier voyage que je ferai à Surgères. Pauvre innocent! me cria-t-elle! cesse de t'en flatter, et connois mieux les femmes de Paris; la province leur fait tant d'horreur, qu'elles auroient peine à y suivre l'amant le plus tendrement aimé. Crois-tu donc qu'elles consentiront à y venir avec un époux? Je n'eus rien à répondre à cette apostrophe; je revins chez moi, pensant en moi-même que cette Fée, si vindicative, connoissoit mieux les femmes que je ne pouvois les connoître.

Vous traiterez cette aventure de fable mal imaginée; mais pour vous convaincre de la vérité de mon récit, faites-vous décrire les lieux dont je viens de vous faire la peinture; on vous dira à quel point ils se sentent de la colère de la Nayade, et qu'il faudroit être fermier-général pour faire triompher l'art des malédictions qu'elle leur a données.

LETTRES

DE DIVERS SAVANS ET GENS DE LETTRES

AU

COMTE DE CAYLUS.

LETTRE PREMIÈRE.

DE COSTE.

Ce 16 Juin 1723, v. s. (1).

MONSIEUR,

Quoique j'oublie fort souvent de dater mes lettres, il me seroit bien plus aisé de me défaire de cette longue habitude, que de vous exprimer à quel point je suis touché de la manière obligeante et généreuse dont vous en usez avec moi. Je suis persuadé, Monsieur, que ma reconnoissance durera autant que ma vie, et que je serai toujours prêt à vous en donner des preuves sensibles; mais c'est à cette déclaration verbale qu'elle se bornera pparemment, vu la situation où je me trouve par rapport à vous.

Nicot arrivera bientôt, selon toutes les ap-

---

(1) M. Coste met à la date de sa Lettre, v. s. (vieux style) parce qu'en Angleterre, d'où il écrit, on n'avoit point encore adopté le calendrier réformé, en 1682, par le Pape Gregoire XIII.

parences, parce que M. Remond m'assure qu'il l'a fait remettre entre les mains de M. Schaub. J'aurai encore de fréquentes occasions de faire usage de ce dictionnaire, quoiqu'on imprime vigoureusement le Montagne. Il y en a déjà vingt-cinq ou vingt-six feuilles d'imprimées.

Pour le portrait, on peut se régler hardiment sur la forme des *Proposals*, si celle que j'avois envoyée n'arrive pas. Je la donnai à un ami qui a suivi le roi George à Hanover. Accablé d'affaires sur le point de son départ, peut-être a-t-il oublié ce paquet. Je vous prie encore une fois de contenter votre goût, sans épargner la bourse du libraire. Il m'a chargé expressément de l'écrire ainsi. L'argent des souscriptions viendra fort à propos pour cela; et, du reste, je vous prie de ne pas vous hâter de rien envoyer. Je n'en ai nul besoin.

Après avoir franchi les barrières de la pudeur, je pourrois bien devenir tout-à-fait importun à M. de la Monoye, et à ces autres Messieurs, qui sont si prompts à répondre à mes questions. Voici une nouvelle liste.

Au livre Ier. des *Essais*, chapitre 54, Montagne parle d'un homme qui avoit appris à faire passer un grain de mil dans le trou d'une aiguille, et à qui on donna, pour loyer d'une si rare suffisance, deux ou trois minots de mil, afin qu'un si bel art ne demeurât sans exercice. Le conte est fort plaisant. Je croyois l'avoir lu dans Suétone; mais je l'y ai cherché inutilement. Erasme l'a indiqué, en passant, dans ses Adages, mais sans marquer la source.

Au livre III, chapitre 1, Montagne parle du sage Dandamys, qui, oyant réciter les vies de Socrates, Pythagores, Diogènes, les jugea *trop asservis à la révérence des lois.* Ce sentiment est un peu gaillard, et me donne grande envie de connoître Dandamys, dont il m'a été impossible jusqu'ici d'apprendre des nouvelles.

Livre III, chapitre 5, après ces vers d'Ovide,

Quis vetat apposito lumen de lumine sumi?
Dent licet assiduè, nil tamen inde perit.

on nous parle du pasteur Cratis, amoureux d'une chèvre. Je croyois de le trouver dans Théocrite; mais il m'a été impossible de l'y voir. Je l'ai cherchée fort inutilement dans d'autres répertoires.

Dans le même chapitre, un peu plus bas, Montagne traite de *sot* un certain Lepidus, qui, se croyant *cocu*, en mourut d'angoisse.

Je ne sais où apprendre des nouvelles de ce bon Lepidus; mais je m'imagine que M. de la Monoye, et vos autres messieurs, répondront à toutes ces questions, *stantes pede in uno*. Permettez-moi, monsieur, de les assurer ici de ma reconnoissance, et de mes très-humbles services.

Je suis avec un profond respect,

MONSIEUR,

Votre très-humble et très-
obéissant serviteur.

COSTE.

LETTRE II.

DE VOLTAIRE.

1733.

Je vais vous obéir avec exactitude, Monsieur, et si l'on peut mettre un carton à l'édition d'Amsterdam, il sera mis, n'en doutez pas. Je préfère le plaisir de vous obéir, à celui que j'avois de vous louer (1). Je n'ai pas cru qu'une louange si juste pût vous offenser. Vos ouvrages sont publics; ils honorent les ca-

---

(1) M. de Voltaire avoit mis dans sa première édition du *Temple du Goût*, quatre vers très-flatteurs pour M. le comte de Caylus. La modestie du comte en fut blessée, et il en témoigna son mécontentement à l'Auteur, l'invitant à supprimer cet éloge dans les éditions suivantes; cette lettre et la réponse du comte roulent sur ce sujet. Voici les vers :

> Caylus! tous les arts te chérissent;
> Je conduis tes brillans desseins,
> Et les Raphaels s'applaudissent
> De se voir gravés par tes mains.

A ces vers M. de Voltaire, substitua le suivant :

> Brassac chantez; *gravez Caylus*.

binets des curieux, mes porte-feuilles en sont pleins, votre nom est à chacune de vos estampes. Je ne pouvois pas deviner que vous fussiez fâché que des ouvrages publics, dont vous nous honorez, fussent loués publiquement.

Les noirceurs que j'ai essuyées sont aussi publiques et aussi incontestables que le reste; mais il est incontestable aussi que je ne les ai pas méritées, que je dois plaindre celui qui s'y abandonne, et lui pardonner, puisqu'il a su s'honorer de vos bontés, et vous cacher les scélératesses dont il est coupable. C'est pour la dernière fois que je parlerai de sa personne; pour ses ouvrages, je n'en ai jamais parlé; je souhaite qu'il devienne digne de votre bienveillance. Il me semble qu'il n'y a que des hommes vertueux qui doivent être admis dans votre commerce: pour moi j'oublierai les horreurs dont cet homme m'accable tous les jours, si je peux obtenir votre indulgence.

J'ai l'honneur d'être, Monsieur, avec tous les sentimens respectueux que j'ai toujours eus pour vous.

Votre très-humble et très-obéissant serviteur,

VOLTAIRE.

LETTRE III.

RÉPONSE DU COMTE DE CAYLUS

A VOLTAIRE.

Paris, ce 16 Juin 1733.

Il est constant, monsieur, que je ne me suis point plaint de vous, puisque vous n'avez pas entendu parler de moi, et je ne crois pas que les plaintes puissent s'adresser à d'autres qu'à ceux qui les font naître, du moins c'est ma façon de penser. Il est bien vrai que j'aurois été fort content de ne me point trouver dans la première édition du *Temple du goût*; un homme simple, retiré de toute affaire, n'aime point que le public parle de lui; et les amusemens d'un homme du monde, surtout dans le genre dont il s'agit ici, ne sont presque jamais dignes d'être cités.

Il est encore vrai que vous me ferez un très-grand plaisir de ne point mettre les quatre vers, que vous avez la bonté de me communiquer pour votre deuxième édition (1),

(1) Voltaire obéit à M. de Caylus; il ne reste aucune trace de ces quatre vers.

non-seulement pour les raisons que je viens de vous rapporter, mais encore pour votre propre goût; auquel assurément vous faites tort, en parlant comme vous faites de moi. Je pourrois encore vous prier de les retrancher, par la connoissance que j'ai des éloges excessifs; le public, avec raison, les regarde toujours comme des critiques. J'ai reçu toutes vos politesses avec grand plaisir; j'y réponds avec reconnoissance, mais je vous prie, si la chose vous est possible, de me laisser comme j'étois. Le vers a tant couru qu'il y auroit de l'affectation à vous prier de retrancher ma part.

A l'égard des autres articles de votre lettre, monsieur, si j'avois vécu avec vous, vous sauriez que je n'ai jamais fait un vers, et je ne sais pourquoi l'on m'a choisi pour me faire le présent d'une épigramme, qu'apparemment le poëte n'a pas fait meilleure, et qu'il a voulu faire passer sur le compte d'un homme du monde. Je ne connois personne capable de toutes les noirceurs dont vous me faites le portrait, et je n'ai jamais rien vu qui méritât les soupçons que vous me communiquez; mais le monde ne vous est pas connu, ou vous savez très-bien, qu'à la faveur d'un mécontentement et d'une brouillerie, dont j'ai été fort fâché, il y a bien des gens qui répandent leur venin, et font impunément des méchancetés; je crois que vos plaintes n'ont aucun autre fondement.

Au reste, monsieur, je vous remercie encore une fois de votre politesse; vous y mettrez le comble, si je ne me trouve point dans votre nouvelle édition. Faites-moi le sacrifice de quatre jolis vers en eux-mêmes; mais qui renferment un éloge que, ni mort, ni vivant n'a jusqu'ici mérité.

Je suis très-parfaitement, etc.

LETTRE IV.
DE VOLTAIRE.

à Bruxelles, ce 21 Août 1740.

J'ai reçu, monsieur, l'ambulante bibliothèque orientale que vous avez eu la bonté de m'adresser. M. Desmollars sauroit encore plus d'hébreu, de chaldéen, qu'il ne me feroit jamais autant de plaisir, que m'en ont fait les assurances que vous m'avez données en françois de la continuation de vos bontés. Soyez très-sûr que j'emploirai mon petit crédit à faire connoître un homme que vous favorisez, et qui m'en paroît très-digne. Il est aimable, comme s'il ne savoit pas un mot de syriaque; je me suis bien douté que c'étoit un homme de mérite, dès qu'il m'a dit être porteur d'une lettre de vous.

En vérité, vous êtes un homme charmant, vous protégez tous les arts, vous encouragez toute espèce de mérite; il semble que vous soyez né à Berlin. Du moins, il me semble qu'on ne suit guère votre exemple à la cour de France. Je vous avertis que, tant qu'on n'emploiera son argent qu'à bâtir ce monument de mauvais goût, qu'on nomme St.-Sulpice, tant qu'il n'y aura pas de belles salles de spectacles, des places, des marchés publics magnifiques à Paris, je dirai que nous tenons encore à la barbarie.

Hodièque manent vestigia ruris.

La campagne, en France, est abîmée, et les villes peu embellies; c'est à vous à représenter, à qui il appartient, ce que les Français peuvent faire, et ce qu'ils ne font pas : il me semble que vous méritiez de naître dans un plus beau siècle. Nous avons un Bouchardon, mais nous n'avons guère que lui; je me flatte que vous inspirerez le goût à ceux qui ont le bonheur, ou le malheur d'être en place; car, sans cela, point de beaux-arts en France.

Pour moi, dans quelque pays que je sois, je vous serai toujours, Monsieur, bien tendrement attaché; je vous regarderai comme celui que les artistes en tout genre doivent aimer, et celui auquel il faut plaire. Je vous remercie mille fois de ce que vous me dites au sujet d'un ministre, dont j'ai toujours estimé la personne, sans autre but que celui de lui plaire : son suffrage et ses bontés me seront toujours chers. Il est vrai, qu'avec la bienveillance singulière, j'oserois dire avec l'amitié dont m'honore un grand Roi, je ne devrois point rechercher d'autre protection ; mais je ne vivrai jamais auprès de ce Roi aimable ; un devoir sacré m'arrête dans des liens que je ne comprends point. Telle est ma destinée, que l'amitié m'attache à un pays qui me persécute. J'aurai donc toujours besoin de trouver, dans votre ami, un rempart contre les hypocrites, et contre les sots que je hais autant que je vous aime.

Madame du Châtelet vous fait bien des complimens.

Vous savez, monsieur, avec quelle estime respectueuse, et quel tendre attachement je serai, toute ma vie,

Votre très-humble et très-obéissant serviteur,

VOLTAIRE.

LETTRE V.

DE M. TAITBOUT (1).

à Naples, le premier Juillet 1750.

MONSIEUR,

Par un bâtiment qui doit partir dans quelques jours, j'aurai l'honneur de vous envoyer des copies que je fais faire de plans très-exacts du théâtre d'Herculea. Il manque à leur perfection le renvoi ou explication de lettres marquées sur ces plans. On me le fait espérer; si néanmoins j'avais trop à l'attendre je m'en passerois, car, persuadé que ce vous seroit peu d'embarras que d'y suppléer, je ne le recherche que pour plus de régularité, et d'ailleurs, aussitôt qu'il seroit recouvré, il seroit toujours temps de vous le remettre.

J'ai aussi quelques morceaux d'enduits de murs des maisons d'Herculea; mais il m'a jusqu'à présent été impossible d'avoir aucun morceau, pas même rompu, où il y eût des figures, ni seulement des parties de figures peintes. L'on emprisonna, il n'y a pas long-temps, quelques personnes, et l'on dit que

(1) C'étoit le Consul de France à Naples.

c'étoit sur l'avis reçu qu'à Rome, dans la maison d'un cardinal, on avoit vu de ces peintures qui avoient été trouvées sous terre. Enfin, S. M. S. est tellement jalouse de tout ce qui a rapport aux antiquités qu'elle fait recueillir, que les sentinelles à Portici ne laissent pas seulement copier, ni l'une, ni l'autre de deux inscriptions qu'on voit au piédestal du cheval de marbre, qu'après l'avoir restauré, l'on a placé dans le vestibule du rez-de-chaussée du château. Pour remédier à de tels obstacles et ne compromettre personne, j'avois eu recours à M. le marquis Acciaioli, gouverneur de Portici, et qui dans cette qualité, outre qu'il signe les permissions qui sont nécessaires pour voir, tant l'Herculea que les choses qu'on en a tirées, sembleroit devoir être avoué, s'il ne refusoit pas une bagatelle dont certaines personnes marqueroient une grande envie. Je dis certaines personnes, parce que j'ai cru nécessaire de faire connoître à M. Acciaioli que c'étoit pour vous, Monsieur, que j'agissois. D'abord il sembloit disposé à me donner du moins quelque petit morceau auquel je disois que, s'il le falloit, je me restreindrois. Il m'observoit cependant toujours qu'il faudroit qu'il en parlât à S. M. S. Mais enfin il me représenta que pour être plus assurés de réussir, il conviendroit d'attendre que M. l'ambassadeur fût de retour, parce que nous verrions à lui faire agréer que la demande se fît en son nom. Persuadé que S. Ex. sera charmée de concourir à votre satisfaction, Monsieur, et pour ne pas risquer un refus, duquel vraisemblablement il n'y auroit pas eu à revenir; je n'ai pu qu'accepter le parti, et j'espere en voir incessamment le succès, car M. l'Ambassadeur qu'on attendoit plutôt, ne sauroit plus guere, à cause de l'intempérie, différer son retour.

Vous ne m'avez pas fait l'honneur, Monsieur, de me marquer si la vie des peintres Napolitains, quoi qu'en langue italienne, vous seroit agréable. Mais prenant votre silence pour un consentement, tel qu'est cet ouvrage, par le même bâtiment qui porte cette lettre, je l'envoie à M. Couturier, négociant à Marseille, qui aura soin de vous le faire parvenir; incessamment j'y joindrai la copie d'un manuscrit dont j'ai depuis peu eu avis, qu'on m'a promis de me prêter, et qui est un supplément à la vie de Solimene.

La grande difficulté qu'il y a eu, Monsieur,

à trouver une personne capable, à qui l'on pût se confier pour copier les plans, ou qui qui voulût hasarder de le faire, a été cause que vous ne les avez pas eus plutôt; et relativement à cela je crois vous devoir observer qu'il seroit à propos que, du moins de quelque temps, il n'y eût que des personnes discrètes qui sussent que vous avez ces plans, car, outre que, s'il revenoit seulement au au prince d'Ardore, qu'ils se trouvent entre vos mains, il en pourroit résulter ici des recherches désagréables, et même fâcheuses pour plus d'une personne, c'est que j'en rencontrerois plus de difficultés à me faire donner quelques autres choses qui pourront également vous faire plaisir, et que certainement je tâcherai toujours avec le plus grand empressement de vous procurer, n'ayant rien plus à cœur que de vous justifier, au moins par mes attentions à ce sujet, l'attachement plein de respect avec lequel j'ai l'honneur d'être, etc.

TAITBOUT.

LETTRE VI.

DU MÊME.

à Naples, le 10 Août 1751.

Monsieur,

J'étois fort en peine des plan, profil et élévation que je vous avois annoncés, et dont j'avois chargé pour vous mon fils à son départ en février. Il s'étoit contenté de m'écrire que toutes mes commissions étoient faites, et ce n'est que depuis quatre jours que je sais nommément que le plan vous a été remis. Je ne doute pas que M. Heron n'ait aussi pris soin d'une petite boîte que je lui avois donnée pour vous, monsieur, et qu'avec plaisir il s'étoit engagé de vous porter : il a mis beaucoup de temps à faire son retour; mais enfin j'ai appris, le trente du mois passé, qu'il étoit à Paris. Cette boîte renfermoit différens morceaux de fioles, de vitres, de cristal, etc. trouvés dans les décombres, tant d'un temple de Sérapis, que de l'amphithéâtre à Pouzolle, et plusieurs morceaux d'une composition, qui, dans un monument des environs de Bacis, dit les étuves de Néron, formoient des peintures en mosaïque. M. Heron s'étoit aussi chargé de ce qu'on appelle ici communément *terra cotta;* c'est une sorte de verre fossile que l'on ramasse sous les sables, à Cumes et près le cap Misene. Il vous aura donné, Monsieur, autant que vous l'aurez désiré, des explications sur ces choses, et même sur toutes celles qui s'observent et qu'on recherche dans ce pays; car peu de voyageurs assurément ont été plus curieux, plus attentifs et plus infatigables que lui.

Je souhaite infiniment que toutes ces choses aient pu vous être de quelque satisfaction. Le plan du moins, ainsi que le profil et l'élévation ne peuvent pas je crois être plus fidèles. Ils sont d'après les originaux même, d'un ingénieur qui, le premier et pendant plusieurs années, a eu la direction du travail qui s'est fait à Herculea, et qui par conséquent a plus que personne eu la facilité, et le temps de bien reconnoître les monumens et édifices que l'on découvroit. Revenant de Pescara, où il étoit resté quatre à cinq ans, il a passé dernièrement ici; il comptoit s'y arrêter au moins quelques mois, mais on l'a obligé de partir tout de suite pour les *Presides.* J'ai profité de son séjour pour me procurer une petite tête bien entiere que je vous enverrai par un capitaine qui doit coucher ici venant de Sicile, et que j'attends d'un moment à l'autre. Cette tête, compris le col, a cinq pouces; le corps ayant été brisé, M. Bardet, c'est le nom de l'ingénieur, estima à propos de n'en point parler. J'ai reconnu qu'il avoit plusieurs autres morceaux, et il ne m'a pas dissimulé qu'il avoit des médailles, et qu'outre des plans particuliers, il conserve le plan général d'Herculea qu'il a levé successivement, à mesure qu'en fouillant on trouvoit des rues, des places et des édifices, soit particuliers, soit publics. L'on tient ici si peu de compte des arts et des sciences, que ces plans qui avoient d'abord été vus avec assez peu d'attention, sont restés ensuite comme ignorés. Plusieurs années après on y a plus pensé, et l'on en a demandé des nouvelles à M. Bardet; mais, piqué de tant d'indifférence qu'on lui avoit marqué, il feignit d'ignorer ce qu'ils étoient devenus, depuis il n'en a plus été parlé.

Je me souviens d'avoir, en 1747, vu le plan général; suivant ce plan la ville d'Herculea étoit grande, bien distribuée; il y avoit des places, et toutes les rues en étoient alignées.

J'aurois bien voulu pouvoir faire prendre une copie de ce plan, mais M. Bardet a craint de se compromettre ; la même raison l'a empêché de me communiquer les plans de différens ports, de plusieurs rades et de plusieurs plages, dont j'aurois été bien aise de donner une connoissance plus particuliere que l'on ne l'a au bureau de la marine. Il seroit cependant un moyen d'avoir tout cela, ce seroit d'attirer cet ingénieur en France ; il y est né, il y a servi, et je l'ai vu fort dégoûté de ce service-ci, pour le peu de satisfaction qu'il a de son général, et l'éloignement où celui-ci affecte de le tenir de la cour et de cette capitale, où encore dernièrement il n'a pas pu obtenir de passer seulement quelques mois. Une des considérations qui le tenterait davantage seroit l'amour qu'il a pour ses enfans, dont deux, ingénieurs comme lui, perdent ici leur temps, ou du moins confinés comme lui en province, n'y sont pas en état de s'y former, et d'y acquérir ces grandes lumières qu'ils trouveroient en France ; ces jeunes-gens, après s'être perfectionnés sous nos maîtres de l'art, pourroient être employés, soit sur les frontières, soit à l'Amérique ; et j'espérerois d'autant plus qu'ils seroient utiles que je les ai vus pleins d'ardeur, et que le pere lui-même se loue fort de leur sagesse.

Afin que vous puissiez, monsieur, mieux connoître si l'acquisition que l'on feroit de cette famille seroit bonne, je vous remets une note que M. Bardet m'a donné de ses ouvrages. Il me semble qu'il y auroit à gagner pour tous; service de terre, marine, amateurs de l'antiquité. Voyez s'il vous plaît, monsieur, ce qu'il faut en penser, et si vous jugez à propos d'en parler à M. d'Argenson et à M. de Bouillé. Au cas que vous crussiez que je dusse aller en avant et faire des propositions à M. Bardet, il seroit nécessaire que vous me fissiez passer votre réponse par la voie de la mer, de crainte qu'à la poste les lettres ne fussent ouvertes, et que les envieux de ce galant homme n'en prissent occasion de lui nuire, et peut-être de le perdre. C'est lui qui avoit fourni les notes et les observations qui ont servi à composer la dissertation qui a paru en 1748 sur Herculéa, et il se persuade que les soupçons, ou plutôt la certitude, qu'ici l'on a eu de qui elles venoient, lui a fait assez de tort. J'ai l'honneur d'être, etc.

TAITBOUT.

LETTRE VII.

DU MÊME.

à Naples, le 8 Novembre 1751.

MONSIEUR,

J'AI depuis deux jours reçu la lettre que vous m'avez fait l'honneur de m'écrire, le 28 septembre : M. de Lusignan en a pris soin, comme vous le lui aviez recommandé. Je lui adresse avec celle-ci la petite tête, qui devroit, il y a long-temps, être partie, mais qui, à mon très-grand regret, se trouve encore ici. Un capitaine, nommé Courtos, qui devoit s'en charger et d'autres choses, en passant de Sicile en ce port, pour se rendre à Marseille, n'a rien fait de tout cela. Il s'en fut à Livourne; certain autre capitaine, nommé Mongin, m'a ensuite manqué, et l'a fait d'une façon bien autrement reprochable, car il est parti comme à l'improviste le 26 du mois dernier : cela vraisemblablement pour s'éviter l'exécution d'un ordre à lui déjà donné, de par le Roi, comme il est d'usage, de donner le passage à trois pauvres Français, qu'il avoit su différer d'embarquer, et laissant un paquet que je devois lui remettre pour la chambre du commerce, à qui je me suis cru d'obligation de m'en plaindre. Au reste, je souhaite fort que la vue de la petite tête puisse, Monsieur, vous dédommager, en quelque sorte, du long tems que vous l'avez attendue, et que vous lui trouviez un peu de quoi vous satisfaire. Ne soyez pas en peine, je vous en supplie, pour le remboursement des bagatelles que m'ont pu couter les choses que je vous ai envoyées. Déjà, la tête est un présent qui m'a été fait par l'ingénieur, dont j'ai eu l'honneur de vous parler. Je vous suis, Monsieur, infiniment redevable de l'envie que vous me témoignez de lui faire plaisir, et d'autant plus que vous me comptez en liaison d'amitié avec lui. Ses occupations et les miennes ne m'ont, cependant, laissé les moyens de faire avec lui qu'une simple connaissance, et les ouvertures que j'ai pris la liberté de vous faire, n'étoient les suites que de l'envie naturelle d'obliger un homme de mérite, et de l'opinion où je suis, que sa collection, ses plans et ses connoissances, pourroient le faire rechercher de différentes personnes en France, et ne pas être moins utiles qu'agréables.

Je rechercherai, avec grand plaisir, d'avoir de ces différens morceaux, pour lesquels vous continuez, Monsieur, de marquer de la curiosité, mais je désespère pour tout ce qui est de peinture. Il y a déjà du tems, on m'en fit voir, avec beaucoup de façons et de mystère, deux morceaux trouvés, prétendoit-on, l'un à Pouzzole, l'autre en un lieu qu'on ne pourroit pas bien, ou qu'on n'oseroit dire : (c'étoit pour qu'on le crût d'Hercules). On en avoit, rapportoit-on, refusé vingt-cinq sequins, et, vu l'inquiétude où tenoient de tels morceaux, on se contenteroit de cinq sequins de plus. Ils étoient tous deux peints sur de la pierre, auparavant couverte d'un enduit. Je déclarai que je me défiois trop de mes connoissances, pour traiter, sans le secours de quelqu'un, de morceaux du prix qu'on me demandoit ; je voulois donc les faire examiner, mais de longtems ensuite, les momens n'ont été favorables pour cela ; du moins, on me le disoit, et comme je l'ai su, c'est qu'on se flattoit de faire mieux affaire avec le secrétaire impérial. En effet, après plusieurs pour-parlers, il eût, volontiers, donné quarante sequins ; si dans une critique plus exacte, avant que bourse délier, il n'eût pas reconnu l'un des morceaux pour être contrefait; car de l'autre, il ne sauroit encore qu'en dire. On assure que l'auteur a déjà surpris plusieurs étrangers, particulièrement à Rome. Il prend de la pierre des différens pays, dont il veut supposer des peintures antiques trouvées, débite-t-il, dans des grottes, et il sait parfaitement comment il faut en user pour le reste. C'est au mastic ou enduit, que notre secrétaire impérial, s'est, en premier lieu, apperçu de la supercherie. Je vous fais, Monsieur, ce petit détail; car bien que je m'assure que le morceau que ce religieux vous a procuré, soit bien tel qu'il vous l'a dit, et qu'on ne sauroit vous en imposer; l'avis, au moins, pourra vous mettre encore plus sur vos gardes.

Je n'avois pas, Monsieur, eu l'honneur de répondre à votre précédente, parce que je croyois devoir attendre la réponse, que vous me disiez que j'aurois incessamment, sur le catalogue que je vous avois envoyé, et que M. Domenicis m'avoit donné des dessins qu'il veut vendre; il est plus pressé d'argent que jamais, et se relâchera du prix qu'il les estimoit, ou bien comme il est vieux et cassé, ce sera à la veuve à s'en défaire : elle sera sans doute plus traitable.

L'histoire d'Herculea avance toujours, mais fort lentement. M. Baïardi qui est chargé du soin de la faire, a débuté par beaucoup d'érudition qui ne l'a pas encore, lui reproche-t-on, amené à traiter son sujet : il n'y a, ce semble, pas à douter, que tout ce qu'il y aura de dessins d'édifices, pour accompagner cette histoire, ne doive être, d'après ceux de M. Bardet, le même, dont vous avez déjà ce qui regarde le théâtre. Ainsi les critiques, suivant, que vous le prévoyez, Monsieur, auront de quoi s'exercer ; mais, M. Baïardi, après avoir vérifié les choses, pourra peut-être dire que les dessins sont fidèles, mais que les proportions des édifices n'étoient pas exactes. Je ne me rebute pas, toutes fois, et je veux encore, un de ces jours, le prévenir de l'intérêt qu'il a de redoubler d'attention pour ne rien produire, dont il ne soit constamment assuré.

Vous voulez, Monsieur, que j'aye recours à vous pour quelque chose. Je prens donc la liberté de vous prier de faire parvenir à M. le comte de Maurepas, les assurances de mon attachement et de mon profond respect. Je vous demande aussi la gârce de disposer en ma faveur, M. le Guay, de la part de qui, à vous parler naturellement, et s'il vous plaît entre nous, Monsieur, je crains, depuis long-tems, que des envieux ne m'ayent attiré un refroidissement; car je me garderai bien de croire que son changement, s'il est réel, provienne de la perte que j'ai faite d'un ministre, qui étoit mon protecteur naturel, et celui de ma famille.

J'ai l'honneur d'être avec tout le zèle, et tout le respect imaginable, etc.

TAITBOUT.

Pour plus de précaution, Monsieur, j'ai fait mettre un cachet sur le haut de la petite tête. D'ailleurs, les tems contraires ayant suspendu le départ du bâtiment, je me suis dédommagé de ce retard, en ajoutant, dans la boîte deux fioles de verre, du nombre de quelques autres de même figure, qu'on a trouvées à Pouzzole, dans un endroit particulier du temple de Sérapis, dont on continue de fouiller et de découvrir les ruines : peut-être ces fioles ne vous sembleront pas tout à fait indifférentes. Le vice-consul, qui me les a données, m'a assuré qu'elles ne pouvoient pas être soupçonnées d'être moins anciennes que la destruction du temple.

LETTRE VII.

DU MÊME.

à Naples, le 10 Mai 1755.

Monsieur,

Je n'ai reçu que le vingt-trois du mois passé, la lettre que vous m'avez fait l'honneur de m'écrire, le 15 février. Le capitaine qui en avoit été chargé, m'a remis, sa quarantaine finie, (car nos bâtimens ici en font une), le livre que vous avez bien voulu m'envoyer : c'est un présent, qui, à tous égards, me fait un plaisir infini, et qui me rendroit trop glorieux, si je pouvois me flatter de l'avoir mérité. Je le suis déjà assez de tenir de votre bonté pour moi, un ouvrage si précieux. A mon grand regret, je n'ai pu encore le lire qu'en courant; il m'a fallu satisfaire l'impatience qu'on me disoit, que M. Baïardi avoit de le voir, et outre la reconnoissance que je lui dois, pour bien des attentions dont il me favorise; un autre motif encore m'a particulièrement obligé à faire à sa curiosité un sacrifice de la mienne. Je m'attendois bien, que touché de l'érudition de votre ouvrage, et du bon goût des gravures, il désireroit d'en avoir un exemplaire, et je comptois que cela me méneroit naturellement, à lui demander qu'il vous envoyât son ouvrage sur Herculea. La chose, Monsieur, est en effet arrivée, et même plus simplement encore, que je ne l'avois imaginé; car M. Baïardi, à qui j'avois porté votre livre, et qui, le parcourant dans l'instant, remarquoit et faisoit remarquer aux personnes présentes, le mérite des endroits qui lui tomboient sous la main, n'a pas attendu que je retournasse chez lui, pour la petite négociation que je méditois. Il l'a, de lui-même, proposée à une personne de confiance, que j'avois chargée de sonder ses dispositions, et ce matin, il m'a envoyé, pour vous, Monsieur, les deux premiers tomes qui, déjà, ont paru de son ouvrage. Il en doit être, avant la fin de l'année, mis au jour trois autres, et puis il en sortira un sixième qui sera le dernier. Outre ces six tomes, il y en aura, ou douze, ou quinze *in-folio*, qui seront des estampes de tout ce que l'on a et l'on aura découvert de fabriques, inscriptions, statues, tableaux, vases, instrumens, outils et autres

14.

choses dignes de curiosité. Tout cela, Monsieur, vous est acquis dès à présent, car une fois que l'on est mis sur la liste, et que l'on a eu le commencement de l'ouvrage, S. M. Sicilienne, aux frais de qui il se fait, en donne la suite. Je crois que M. Baïardi, lui-même, Monsieur, vous écrira sur cet engagement qu'il a pris avec vous, et qu'en même tems il vous marquera le plaisir qu'il auroit, que vous lui voulussiez bien envoyer deux exemplaires de votre ouvrage, l'un pour lui, l'autre pour quelqu'un qu'il a dit vouloir grandement obliger.

Bien que je me flatte, Monsieur, que vous aurez, enfin, reçu cette petite tête de marbre, dont je vous ai, dès la fin de l'été 1751, annoncé l'envoi; je ne laisse pas cependant d'être en quelque peine sur ce qu'elle sera devenue. Divers contre-temps en avoient retardé le départ, et elle n'est partie que dans le mois de décembre suivant, par un capitaine nommé Micoulin. Je l'avois adressé à M. de Lusignan; il ne m'en a pas accusé la réception. Je lui en ai depuis demandé des nouvelles, et il ne m'a pas répondu. Je lui avois, en même temps, recommandé une boîte de Diavolini, pour M. l'abbé de Choiseuil. Cette boîte aussi ne sera qu'à force de temps, parvenue à sa destination; car M. l'abbé a diverses fois écrit qu'il ne la recevoit pas.

J'ai l'honneur d'être avec le plus respectueux attachement,

TAITBOUT.

LETTRE IX.
DE M. GODIN.

à Paris, le 11 Juillet 1752.

MONSIEUR,

Je reconnois sans difficulté la hache en question pour être la même que j'envoyai à monseigneur le comte de Maurepas, au mois de mai 1737, de Quito. Elle est cotée, dans mon registre, 97, et j'y mis pour étiquette : *hache des anciens Indiens, que l'on dit être de tombac, ou cuivre mêlé; on en ignore la trempe.* Voici, Monsieur, tout ce que je peux ajouter. Les anciens Indiens de l'Amérique méridionale, qui vivoient avant la conquête faite par les Espagnols, ignoroient certainement l'usage du fer, quoique très-commun dans toute l'Amérique; ils travailloient des pierres, et même des masses énormes, en deux manières; savoir : ou en les usant en tout, ou par parties, sur ou avec d'autres pierres; c'est par-là que les joints, dans leurs édifices, sont si immédiats et si serrés, et sans aucune liaison, autre que la juxta-position ; cette méthode ne s'employoit guères, à la vérité, que pour des surfaces planes, quoiqu'il soit certain d'ailleurs qu'ils ont travaillé quelques convexités et concavités par voie de friction, à peu près comme on travaille nos verres de lunettes ; la seconde manière consistoit à les tailler avec des instrumens de cuivre, comme nous les taillons avec des instrumens de fer et d'acier trempé.

Ils faisoient des haches, ou creuses, ou solides, presque toutes médiocres ; les unes avoient une masse à l'opposite de la hache, les autres avoient une pointe triangulaire, ou quadrangulaire, d'autres ne portoient qu'un œil pour y recevoir un manche de bois, d'autres s'armoient différemment : ils employoient aussi des pierres fort dures, taillées en haches, au même usage. Presque tous ces instrumens, que j'ai eu occasion de voir, sont d'un cuivre de couleur rougeâtre, comme celui qui, chez nous, est employé à des menues monnoies ; ceux qui ont un œil jaune sont bien plus rares. Les Indiens de ces temps-là procuroient une forte trempe à ces cuivres ; mais ceux qui vivent aujourd'hui n'en savent donner aucun éclaircissement, non plus que de la soudure, lorsque leurs haches étoient formées de deux pieces. On croit là qu'ils y employoient l'argent. J'en ai vu de fort grandes, comme d'un pied et demi de longueur, de fil, circulaire, et du poids de 12, 15, etc. livres. Cependant, la plupart de celles qu'on rencontre sont beaucoup plus petites. J'en ai montées, et j'ai taillé, à Cusco, de la pierre nouvellement tirée, avec assez de facilité.

Certainement ils n'avoient pas d'autres instrumens pour travailler la pierre, et ils en travailloient beaucoup; on en trouve des restes en mille endroits, et surtout à Cusco, qui étoit leur capitale, et aux environs, et même dans toute la province, comme à Tiaguanacu, où se voyent les restes d'un grand palais que l'on élevoit lors de la conquête, avec des figures colossales à demi-travaillées, et pour ainsi dire encore placées dans l'attelier.

Pour ce qui est, Monsieur, de la remarque que vous avez eu la bonté de me communiquer, je la crois tout à fait vraie, et je ne doute pas que je ne lui procure un jour quelqu'addition par les idiômes, surtout le Quichuia et le Grec. Mais c'est une recherche qu'il me faut laisser encore pour quelque temps de côté. Vous me faites, Monsieur, beaucoup d'honneur de me citer, et je vous en rends mille grâces. Je compte avoir celui de vous aller saluer au premier jour.

J'ai l'honneur d'être avec toute la reconnoissance possible,

GODIN.

Cuivre des anciens Indiens du Pérou.

Je n'en ai point apporté à Paris avec moi, étant venu en poste, et à la légère : j'en dois avoir dans mes coffres. C'est un cuivre rouge plus compact et plus dur que celui que nous connoissons en Europe ; on le croit mélangé, mais personne n'a examiné, que je sache, avec quelle matière on le mélange. Il est certain que les habitans du Pérou s'en servoient pour des armes offensives, et pour des outils mêmes propres à tailler la pierre.

En mai 1737, j'envoyai, de Quito à Paris, à l'adresse de M. le comte de Maurepas, une caisse de diverses curiosités : elle a été reçue par M. du Fay, et apparemment distribuée dans le cabinet du Jardin du Roi. Il y avoit une hache de ce cuivre, que je suppose devoir se trouver au Jardin du Roi.

LETTRE X.

DE M. ANQUETIL-DUPERRON.

De l'Orient, 15 Décembre 1754.

Monsieur,

Je suis sur le point de m'embarquer. Je n'attends plus pour cela que la caisse de livres et d'instrumens dont vous voulez bien me faire présent. Quelles obligations, Monsieur, ne vous ai-je pas? Je me vois libre, pensionné; mon passage *gratis*. J'ai des recommandations de toute espèce. Dans le triste état où un coup de tête m'avoit réduit, à quoi ne devois-je pas m'attendre, si votre bonté ne m'avoit prévenu. Malgré la fermeté de ma résolution, sans doute que les fatigues, et peut-être le chagrin, m'eussent fait abandonner une entreprise trop mal concertée. Maintenant, tout m'annonce un heureux succès; et j'en répondrois presque, si votre protection pouvoit m'accompagner au-delà du Gange. Mais si mon voyage ne réussit pas, j'aurai du moins la satisfaction d'avoir fait connoître le père des savans à ces peuples, qui n'ont peut-être pas pour les lettres tant d'indifférence qu'on leur en prête.

Je me fais déjà un plaisir de converser avec ces Bramines que les voyageurs se plaisent à défigurer. Pour moi, sans les flatter, je ne les trouve pas si farouches. J'ai lu avec beaucoup d'attention les proverbes de Barthrouherri, traduit par Roger, et j'y trouve, pour le style et les figures, un goût tout à fait oriental. Il y a même pour le tems beaucoup de métaphysique. Que sait-on ? ces livres sacrés et impénétrables, même aux naturels, renferment peut-être la liaison de l'histoire des Indes à celle des Grecs. Quelle découverte, si l'on retrouvoit l'écriture égyptienne dans les caractères indiens ! J'ai déjà trouvé la valeur de plusieurs lettres du manuscrit égyptien qui est à Ste.-Geneviève.

L'étendue du plan, dont j'entreprends l'exécution, m'en fait désirer un second qui puisse du moins me décharger des soins purement corporels. J'ai besoin d'un correspondant sûr et peu éloigné. Mon frère, vous le savez, Monsieur, est fort propre à cela. Je vous prie, Monsieur, de faciliter son passage pour l'année prochaine, et d'assurer M. de Silhouette de mon entier dévouement au service de la compagnie des Indes.

J'ai l'honneur d'être, Monsieur, avec respect et soumission,

Votre très-humble et très-obéissant serviteur,

ANQUETIL-DUPERRON.

LETTRE XI.

DU MÊME.

De Surate, ce 19 Juin 1759.

Mon cher Comte,

Puis-je vous remercier plus efficacement de ce que vous avez bien voulu faire pour moi, qu'en vous offrant la traduction du manuscrit de Zoroastre? C'est un présent, je crois, tout à fait de votre goût, et qui ne peut recevoir de vous que l'accueil le plus favorable. Après trois mois d'un travail opiniâtre, je viens d'achever cet ouvrage. Vous verrez, dans le mémoire que j'envoie à Messieurs de l'Académie, de quoi il traite, quel en est le style, l'antiquité, et différentes découvertes qui pourront peut-être vous intéresser.

Je suis au désespoir de ne pouvoir enrichir votre cabinet de quelques curiosités; mais j'ai contracté des engagemens très-considérables, malgré la vie plus que philosophique que je mène depuis mon arrivée dans l'Inde; enfin,

1200 r. de dettes prouvent bien que les fonds me manquent.

J'apprends, par la gazette, que vous proposez des prix pour la perfection de l'agriculture. Pourquoi, Monsieur, vous qui êtes si versé dans l'antiquité, et qui avez pour elle un goût si décidé, n'en faites-vous pas l'objet de vos récompenses? Si vous preniez ce parti, peut-être quelque jeune homme habile viendroit-il me seconder. Enfin, je ne puis tout faire seul; la santé, d'un jour à l'autre, peut m'abandonner.

L'Asie est une terre inculte, que nous négligeons nous autres Européens. C'est pourtant où le genre humain a pris sa source. J'ai découvert un ruisseau, le manuscrit de Zoroastre, et trois autres ouvrages presqu'aussi anciens, et dans la même langue. Je vais chercher les Wedes, dont je tâcherai de donner aussi la traduction. Mais pourquoi ne pas envoyer une personne à Siam pour le Bali; une autre à Ceylan, où, de l'aveu de tous les Brames, est le centre et l'origine de la religion indienne; une autre, en Tartarie, pour les Lamas; une autre, dans les montagnes de l'Amérique? Je me charge, moi, de les aller tous visiter dans leurs missions, et de rendre compte au Roi, ou à l'Académie, de leurs travaux.

Mais il faut pour cela des gens qui voient sans passions, vifs, indifférens pour les commodités de la vie. Je me donne bien des peines : le succès semble me favoriser. Voilà qui est beau. Un jour, la mort peu respectueuse, m'arrêtera dans ma course; mes veilles pourriront, ou deviendront la proie des vers à la bibliothèque du Roi. Bel espoir! Si je voyois quelqu'un embrasser mon plan, et courir la même carrière, croyez-vous que cela ne m'animeroit pas?

Il est bien consolant pour moi d'arriver à Paris avec les manuscrits les plus rares qu'on ait jamais vus; de développer les mystères de Zoroastre; de découvrir une nouvelle histoire; de présenter des livres, dont l'antiquité le dispute aux nôtres, et de ne trouver personne en état de juger de mon travail. N'importe, je suivrai toujours mon objet. J'ai demandé des extraits des auteurs grecs et latins. Je n'ai rien obtenu; point de livres. A peine m'honore-t-on, en trois ans, d'une lettre d'encouragement.

Malgré cela, la loi des Guèbres, leur langue sacrée, leur mythologie est dévoilée. Le reste suivra, ou je mourrai à la peine.

Je traite les sciences en militaire : pour le manuscrit que je viens de finir, j'ai été obligé de me tenir un mois renfermé, et de ne sortir qu'avec des pistolets de poche. Ici, il faut forcer les gens de vous instruire, sans cela ils vous paient de remises éternelles.

Tâchez, mon cher comte, d'engager quelques prosélytes à imiter ma folie, et faites-moi la grâce de vous intéresser aux Wedes qui sont en sanscretam, comme vous avez fait à l'ancien persan.

Si sa majesté donne des ordres absolus, on peut les trouver.

Je suis, avec respect, etc.

ANQUETIL-DUPERRON.

LETTRE XII.

DE M. GROSLEY.

à Troyes, 11 Avril 1755.

Monsieur,

Je crois devoir vous mettre sous les yeux un fait qui me paroît lié aux objets de vos utiles et brillantes études sur l'antiquité.

Je le trouve dans l'histoire de Michel et Andronique, paléologues, écrite par Georges Pachymère. Cet historien, livre V, dit : qu'après que Constantinople eut été reprise par les Grecs sur les Latins, Michel, paléologue, en fit réparer et augmenter les fortifications. « Il rebâtit, dit l'historien, le *Contoselion*, y éleva une demi-lune, et, pour en rendre les fondemens plus solides, *il y jeta du vif-argent.* »

Je n'ai vu nulle autre part que le vif-argent ait jamais été employé à cet usage. Y peut-il être physiquement de quelque utilité ? Comment l'employoit-on ? et n'étoit-il point une espèce de talisman ?

Il ne seroit point étonnant qu'il eût eu ce

caractère pour des princes superstitieux, vil jouet de prêtres, de moines et d'astrologues.

Si vous jugiez, Monsieur, ce fait digne de quelques réflexions de votre part, et même de quelques expériences, peut-être pourroit-il conduire à quelque découverte utile et intéressante pour notre architecture civile et militaire.

A ce fait, je crois en pouvoir joindre un autre, que m'a rappelé la lecture des *Nouveaux sujets proposés pour la peinture*, etc. par vous, Monsieur, ou par quelqu'un intimement lié avec vous : ce fait, entre les mains d'un grand peintre, exprimeroit supérieurement *le pouvoir de la parole dans la bouche d'un bon citoyen*.

Le voici tel que je l'ai appris de gens qui en ont été témoins, pendant le siége que le peuple de Gènes a soutenu contre les Allemands, dans la dernière guerre; les esprits, et la résolution de ce peuple, changèrent subitement en une nuit. La révolte, contre le gouvernement, s'empare de tous les postes; on ne voit, dans les Allemands, que des protecteurs et des nourriciers du peuple, et des artisans. Le gouvernement, la république, le sénat, sont les véritables, les perpétuels, les plus redoutables ennemis de la liberté, et de la fortune de gens qui ont la sottise d'affronter le fer, la faim, le feu, pour défendre et maintenir la tyrannie.

Tout le peuple s'étant mis dans le point de vue, à l'égard de la république, il abandonna en un instant les remparts, il laissa tous les postes sans défense, et marche en ordre, avec un canon à la tête, contre le sénat qui étoit alors assemblé dans le palais.

Il se dispose à l'y attaquer, il fait braquer le canon contre la principale porte; la mèche est allumée. Dans cet instant, la porte, que le peuple veut enfoncer, s'ouvre: on en voit sortir un sénateur respectable par son âge, par les emplois qu'il avoit remplis, et par les services qu'il avoit rendus à la patrie depuis la révolution qui avoit chassé les Allemands de Gènes. Il paroît seul; il s'arrête sur le seuil de la porte; de là, il adresse la parole au peuple, et lui parle avec une assurance, une fermeté, un mépris de la vie qui, donnant un nouveau poids à tout ce qu'une telle position fournissoit de tendre et de touchant, fait tomber les armes des mains des séditieux, et les leur fait reprendre pour revoler à la défense des remparts et des postes qu'ils avoient abandonnés.

M. Buonamici n'a pas oublié ce fait dans l'histoire latine qu'il a donnée de la dernière guerre d'Italie. Il n'y a ajouté que le discours du sénateur; discours que l'art ne peut suppléer qu'imparfaitement.

Il me semble que, dans la partie d'un tel fait, le peintre auroit encore plus d'avantage que l'historien. Personne, Monsieur, ne peut mieux sentir et saisir que vous toutes les idées, dont un tel fait peut être le germe sous le pinceau d'un grand maître.

J'use à votre égard, Monsieur, de la liberté que me permettent plusieurs de vos amis, parmi lesquels il suffit de vous nommer M. le président Hénault, et M. de St.-Palaye.

Je suis, etc.

Grosley, Grand Maire de Saint-Loup.

LETTRE XIII.

DE M. SCHMIDT.

Monsieur,

Ayant appris par M. Pellerin que M. le Comte vouloit nous donner une dissertation sur le *Minotaure de Crète*, j'ose prendre la liberté de lui adresser un abrégé d'un article que j'avois lu à ce sujet dans le savant traité de M. *Wachter*, intitulé *Archeologia Nummaria*, page 93. Cet auteur parle des médailles de *Hyria*, ville de Calabrie, sur lesquelles on voit un bœuf avec la tête d'un homme; et c'est à cette occasion qu'il fait mention des hypothèses de MM. *Spanheim* (*De usu et præst. numism.* tom. 1. p. 569, édit. de Lond.) et de *Beger* (*Numism. Græca.* 320 Thrésor de Brandebourg.) qui soutiennent que cette représentation est celle du Minotaure de Crète, et que toutes les villes dont les médailles ont ce type, sont des colonies de cette île.

Il réfute ce système, d'abord parce que le Minotaure de ces médailles est un taureau à tête d'homme; le monstre de Crète est un homme à tête de taureau. Il prouve cette assertion par les témoignages de *Diodore de Sicile*, *L. VI*, et de *Hygin*, *fable 40*, ensuite par une pierre gravée dans le recueil du *baron de Stosch*, Thésée tue un homme à tête de taureau. On peut ajouter à ces preuves la victoire de Thésée remportée sur le monstre de Crète, représentée de cette même façon dans les tableaux historiques d'Herculanum.

Une autre preuve contre ces colonies de Crète, est que plusieurs villes, dont nous savons au juste l'origine pour n'être point de Crète, ont malgré cela ce même type. Comme les *Capuani*, colonie de Troie; les *Puteolani*, colonie de Cumes; les *Caleni*, colonie des Thraces; les *Nolani*, colonie des Chaleidiens; les *Napolitains*, colonie des Cymdi, Chaleidiens et Athéniens; *Taurmine* et *Selinunte* de Sicile, colonie de Mégare; *Ambraciotæ* d'Epire, colonie de Corinthe.

Cet auteur conclut que ce prétendu Minotaure composé d'un *bos arator*, et de la tête colon, est en général la marque d'une colonie.

M. le duc de Noya possède ce livre de *Wachter*; il a aussi celui de *Capaci*, sur les antiquités de Naples, qui s'étend fort au long sur le *hebbo, hebo ou ebo* qui est le Minotaure de ce pays.

J'ai l'honneur d'être, etc.

SCHMIDT.

LETTRE XIV.

DU MÊME.

Coulm, ce dimanche 20 Août 1758.

Monsieur,

J'ai attendu pour vous répondre sur votre derniere lettre, jusqu'à ce que les découvertes des antiquités de Coulm, dont je suis à présent occupé, fussent assez considérables pour vous en faire une courte relation ; aujourd'hui mon devoir m'oblige à vous écrire, Monsieur, pour vous témoigner la plus parfaite reconnoissance dont je suis pénétré au sujet du prix fondé par votre générosité, et dont l'académie a bien voulu honorer mon mémoire sur Anubis et Harpocrate. Cette agréable nouvelle m'a été communiquée en dernier lieu de la façon la plus obligeante par M. le Beau, et m'a causé une satisfaction infinie. J'ai aussi vu par la lettre de cet illustre accadémicien, que vous avez eu la complaisance, Monsieur, de présenter à l'académie ma dissertation sur les colonies égyptiennes établies aux Indes, que j'avois remis à M. de Montulé, et que votre savante compagnie a eu la bonté de juger cette pièce avec la même indulgence dont elle a usé envers toutes mes petites productions littéraires.

J'ai trouvé à Coulm un édifice romain, étendu et spacieux ; le fresque dont ses parois sont peintes, les marbres suisses et étrangers qui y sont en grande quantité, me sont une preuve non équivoque de son ancienne magnificence ; les jattes et vases de beau verre, et de terre fine sont les témoins du luxe qui régnoit parmi ses habitans ; les briques avec les noms des légions XI et XX.[emes] nous apprennent que les soldats romains ont eu dans quelque temps leur quartier ici ; les instrumens et ustensiles anciens qu'on y découvre orneront la description que je médite de ces antiquailles ; quelques observations que j'ai eu occasion de faire sur l'architecture ancienne pourront peut-être intéresser les amateurs de la belle antiquité.

Ce grand bâtiment n'est point isolé à Coulm ; toute une belle plaine est couverte de ruines anciennes qui me font juger qu'autrefois il y avoit eu ici une ville ; elle a été parfaitement bien située : dans tout le voisinage il est impossible de trouver une plus belle vue et une route plus commode pour l'Italie. Il y a une tradition constante parmi les paysans qu'en cet endroit il subsistoit autrefois une ville nommée Agenau. Tout près il y un village appelé Gaundischwyl : ce qui rend assez probable la conjecture qui se présente tout justement à mon esprit que la ville de Gaunodounum, placée en Suisse par Ptolémée, et qu'on n'a pas pu trouver jusqu'ici, pourroit bien avoir été à Coulm. Plusieurs chambres de cet édifice ont servi à des bains, la chose n'est pas douteuse, car à côté d'un strigile et d'un bel aqueduc nous trouvâmes aussi des étuves; c'est là qu'on voit encore cette espèce de fourneaux antiques dont parle Sénèque, où la chaleur se distribuoit par des tuyaux de briques appliquées les unes contre les autres.

J'ai été bien surpris de trouver un appartement avec des coquilles de mer incrustées de la façon que cela se pratique encore dans nos grottes; les parois sont peintes en fresque bleu, et de distance en distance ces différens coquillages blancs, qui sont de la classe des cœurs, peignes, huîtres et chames, sont placés sous une agréable proportion. Il ne me souvient pas d'avoir lu dans les anciens quelque chose qui vienne à ce sujet. Je ne sais si ces occupations me permettront de faire à la Saint-Martin une tournée à Paris ; en cas que je ne puisse avoir cet avantage si long-temps désiré, je serois encore obligé de vous prier, Monsieur, de recevoir, comme l'année passée, le prix pour moi et de le remettre à mon correspondant à Paris.

J'ai l'honneur d'être, etc.

SCHMIDT.

LETTRE XV.

DU MÊME.

Berne, ce 11 Septembre 1759.

Monsieur,

Je viens de recevoir les trois pièces intéressantes que vous m'avez fait l'honneur de m'adresser ; je vous ai, Monsieur le comte, pour ce beau cadeau la plus sensible obligation. Je les ai lues deux fois de suite ; l'auteur de la critique de l'ouvrage de M. de Guignes auroit peut-être bien fait de lire encore davantage son adversaire ; il me semble qu'il ne l'a pas bien compris. Pourquoi n'a-t-il pas attendu que M. de Guignes ait donné son système dans un plus grand détail ?

Je n'aurois pas soupçonné les Jésuites d'avoir part à cette affaire ; ils ont beaucoup loué M. de Guignes dans le journal de Trévoux, frappé au coin de la société. Seroit-ce finesse de louer d'abord pour critiquer ensuite incognito avec plus de force ?

Je ne vois pas jusqu'ici qu'il y ait eu lieu

d'espérer qu'on donne une critique de mon mémoire sur les Indiens ; il ne fait point cause commune avec le système de M. de Guignes. Bien des gens croient une colonie égyptienne aux Indes, et ne la croient pas en Chine ; beaucoup d'autres croient aussi cette dernière, sans croire la découverte de M. de Guignes sur l'origine de l'écriture chinoise ; pour moi je la crois fermement. La totalité de son système me paroît sûre ; les détails en général le sont aussi. On a attaqué M. de Guignes sur ce qu'il dit que *phis* signifie un prince égyptien, et que de là il y a Amenphis et autres ; j'avoue que je ne crois pas cet article de M. de Guignes fondé. *Phi* et *phe* veut dire engendrez, et dénote de là une filiation, *Amenophi*, et avec la terminaison grecque *Amenophis* signifie fils d'*Amon* ; ce mot est dans le goût égyptien.

Il est ridicule de dire avec M. de Hauterayes que *ris* dans Sésostris et autres veut dire un chef, un prince, parce que *ros* en hébreu a cette signification ; je m'étonne qu'on écrive sur l'égyptien pendant qu'on ignore qu'il n'a aucune affinité avec l'hébreu. Une autre faute que M. de Hauterayes a fait dans cet article, c'est que *ros* ne vient jamais à la fin des mots propres hébraïques ; ceci est contre toutes les règles. Mais ma lettre étymologique n'est pas trop en règle à ce que je m'apperçois, je supprime par conséquent une petite réflexion que j'ai sur l'inscription de Malthe, qui m'a fait un plaisir infini. Il est fort heureux, Monsieur le comte, que vous en ayez fait tirer de copies si exactes, il l'est de même que M. l'abbé Barthelemy, qui joint à l'esprit de découverte celui de la plus grande solidité, l'ait déchiffrée si nettement. Je souhaite que les autres monumens de ce genre tombent en aussi bonnes mains.

L'article que j'ai inséré à la fin de mon mémoire, sur l'écriture courante égyptienne, n'en sera que meilleur, car entre tous ces alphabets il y a beaucoup d'affinité. J'attends que les journalistes relèvent les fautes que je pourrois avoir commises dans mon petit ouvrage ; j'en profiterai dans une seconde édition dont je m'occupe dès à présent. Les lettres de M. de Mairan, écrites sans préjugé, dans les vrais principes, m'offrent à ce sujet plus d'un article intéressant. J'ai l'honneur, Monsieur le comte, de vous envoyer, ci-joint, mes additions pour les trois mémoires du prix ; ce qui est sous-rayé doit être ajouté.

Je serois bien charmé si ces notices pouvoient être prises, chacune en son lieu, dans le courant des dissertations; mais si la chose n'est pas faisable on les mettra à la fin.

Je vous ai toujours mille et mille obligations pour toutes les peines et embarras que vous donnent mes ouvrages, et pour les politesses que vous prodiguez à mes compatriotes. M. Alberti vient de nous écrire que M. Cochin a gravé le portrait de Monsieur le comte ; mon pere, qui depuis long-temps ne songe qu'à avoir dans son appartement le portrait de mon illustre bienfaiteur, a été enchanté de cette nouvelle ; si je n'avois pas peur de pousser trop loin l'indiscrétion je vous prierois, Monsieur, d'ajouter à toutes les bontés que vous avez eues pour moi celle de m'en procurer un exemplaire.

J'ai l'honneur d'être, etc.

SCHMIDT.

LETTRE XVI.

DE M. MAZEAS;

à Rome, le 12 Mai 1758.

Monsieur,

Vous aviez bien raison de dire que je serois bien surpris de tout ce que je verrois ici ; je ne m'attendois point en effet à trouver des richesses dont je n'avois aucune idée, malgré tout ce qu'on m'en avoit dit. La grandeur de l'ancienne Rome subsiste encore dans les débris que le temps n'a pu détruire ; il y a tant de monumens, et ils sont d'une si grande beauté qu'on ne se lasse pas de les admirer ; c'est dommage que dans un siècle aussi éclairé que le nôtre on s'attache si peu à conserver ce qui reste ; si l'on se contentoit au moins de la négligence, mais on y ajoute une espèce de barbarie, en faisant servir à la construction des maisons des pierres inscrites, et des bas-reliefs d'une beauté et d'une délicatesse à laquelle je doute fort que nos modernes pussent atteindre. J'en ai vu de cette dernière espèce à la Villa-Pamphili, qui servent d'ornement aux fontaines, et comme les eaux de ce pays inscrustent facilement les pierres qu'elles touchent, on ne tardera point à perdre toutes ces richesses.

J'ai fait connoissance ici, Monsieur, avec un de vos intimes amis, le père Pacciaudi, théatin; c'est un homme fort éclairé, et très-versé dans l'étude des antiquités. Il nous fait le plaisir de venir dîner de temps en temps. La derniere fois que j'eus l'honneur de l'aller voir, il me montra une caisse emballée à votre adresse, et toute prête à partir. Il me dit qu'il manquoit d'occasion pour vous l'envoyer; je lui conseillai de l'adresser à notre consul de Civitta-Vecchia, qui saisiroit la premiere occasion favorable pour Marseille. Je ne crois pas qu'il y ait d'autre moyen de la faire parvenir jusqu'à vous. On évite aisément les Anglais en mettant les ballots sur des vaisseaux neutres, et il en vient souvent à Civitta-Vecchia.

M. le prince de San-Severino, à Naples, a travaillé depuis vous, Monsieur, sur les peintures en cire, et on prétend qu'il leur communique un vernis qui fait un fort bel effet sur la cire; mais je ne sais cela que par ouï-dire. J'ai été bien fâché de vous voir discontinuer vos travaux touchant les peintures anciennes sur les vases. Il est bien disgracieux que quelques personnes de mauvaise humeur s'appliquent à ronger, comme des insectes, les productions des autres, et dégoûtent les amateurs de se consacrer au progrès des arts. Est-il possible que les hommes ne s'élèveront jamais au-dessus d'eux-mêmes, et qu'ils ne verront le mérite de leurs semblables qu'avec un œil de jalousie ? Je déplore notre sort, quand je fais ces réflexions. Elles pensèrent nous faire perdre les plus belles découvertes de M. Newton ; mais il se mit enfin au-dessus de la critique, et je pense que vous ferez comme lui.

J'aurois bien des choses, Monsieur, à vous dire sur ce pays ; mais je les réserve à une autre occasion, pour ne point abuser de votre complaisance. Si je peux vous être de quelqu'utilité, ou à vos amis, je vous prie de disposer de moi ; vous ne pouvez me faire un plus grand plaisir, que de me mettre à même de vous témoigner combien je suis sensible à l'amitié que vous me marquâtes avant mon départ ; j'en connois tout le prix, et vous en demande la continuation.

J'ai l'honneur d'être, etc.

MAZÉAS.

LETTRE XVII.
DU MÊME.

à Rome, le 19 Septembre 1759.

Monsieur,

Il y a long-temps que je me proposois d'avoir l'honneur de vous écrire, et de vous remercier du plaisir que vous m'avez procuré, en me faisant communiquer l'extrait de votre *Mémoire sur la manière la plus avantageuse de peindre sur le marbre*. Je juge du plaisir que votre découverte a dû faire à tout le monde, par celui qu'elle m'a fait; j'en ai bien remercié le père Pacciaudi.

Vous m'avez inspiré de l'amour pour Pline, Monsieur le comte, et cet amour augmente par l'étude que j'en fais; j'y trouve un fonds inépuisable de bonnes choses, et en laissant mûrir les idées que donne cet auteur, on ne manque pas de trouver les richesses qu'il indique. J'ai fixé mon attention sur la pourpre des anciens; elle se faisoit, comme vous savez, en unissant la couleur du buccin à celle d'un plus grand coquillage, appellé *purpura*. Pline en décrit les genres, et non les espèces qui sont en très-grand nombre ; c'est un article sur lequel bien des modernes se sont trompés.

1°. Entre les mains de nos modernes, ces deux coquillages ne donnent qu'une goutte de liqueur ; mais les anciens savoient dissoudre cette liqueur, et l'étendre dans une quantité d'eau suffisante pour en abreuver les étoffes, comme on le fait aujourd'hui avec la cochenille.

2°. Je ne suis point de l'avis de nos modernes, touchant la supériorité de la cochenille, sur la pourpre ; celle-ci étoit inaltérable notre écarlate ne l'est pas ; la pourpre jetoit du feu et de l'éclat par la réflexion de la lumière, *nigricans aspectu, et suspectu refulgens*. Notre écarlate a du feu, il est vrai, mais elle est toujours du même ton de couleur ; de quelque côté que l'œil la regarde, c'est un éclat monotone.

Je suis actuellement occupé à rassembler tout ce que les anciens et les modernes ont dit sur ces coquillages ; et comme je suis destiné à habiter les rochers et les montagnes de la Basse-Bretagne, où j'ai un canonicat, j'y porterai ces matériaux ; je m'y retrouverai avec la nature, si belle par-tout, si digne de nous occuper, et si capable d'élever notre âme vers celui qui l'a créée ; et je dirai comme Salluste, *omnis cura rerum publicarum minime mihi hac tempestate cupienda videtur.*

Si vous avez occasion, Monsieur le comte, de voir M. l'abbé Sallier, je vous prie de lui dire que je me souviens toujours de lui, et que je l'aime toujours de tout mon cœur. Nous avons ici un seigneur bien aimable, et plein d'esprit, qui vous ressemble ; c'est l'ambassadeur de Malthe : il fait souvent mémoire de vous ; il vous aime bien, et il a raison. Il eut la bonté dernièrement de me faire des complimens de votre part, auxquels je suis bien sensible ; j'y réponds par la lettre que j'ai l'honneur de vous écrire, pour vous réitérer mes sentiments et le respect avec lequel j'ai l'honneur d'être,

MAZEAS.

LETTRE XVIII.
DU MÊME.

De Frescati, le 29 Octobre 1759.

Monsieur,

L'ordinaire dernier, le père Pacciaudi m'écrivit de Gensano, où il étoit allé passer quelques jours, et m'envoyoit en même tems une lettre pour vous, en me prévenant qu'elle renfermoit un camée. J'insérai cette lettre avec les miennes dans le paquet que j'adresse chaque ordinaire à M. Genet, secrétaire-interprète du Roi aux affaires étrangères. Comme monsieur l'Ambassadeur a la bonté de mettre mon paquet dans celui du ministre, mes lettres sont toujours remises avec exactitude à M. Genet, et, l'ordinaire dernier, je le prévins de vous faire parvenir votre lettre, sans se servir de la voie de la poste, à cause du camée qu'on pouvoit prendre pour de l'argent; dans ce cas, les commis de la poste ne manquent jamais d'ouvrir les lettres. Si vous n'aviez pas reçu votre lettre, Monsieur le comte, je vous prie d'écrire un mot à M. Genet, en lui indiquant une personne à Versailles à qui il puisse remettre votre lettre, pour qu'on vous la fasse tenir en sûreté. J'ai pris cette voie comme la plus sûre, mais ce n'est peut-être pas la plus courte; je ne sais si j'ai bien fait.

Il nous est arrivé, à Civitta-Vecchia, cent trente-trois jésuites, partis de Lisbonne sur un vaisseau de Raguse, et dont le roi de Portugal fait présent au pape. On a donné des ordres de les loger à Civitta-Vecchia dans différens couvens; je ne sais si ceux des hommes suffiront, car il y en a bien peu. Voilà la nouvelle du jour à Rome; on peut la savoir déjà à Paris, car ces pères débarquèrent mercredi dernier, jour de notre poste; mais comme nous sommes à la campagne, nous ne le sûmes que le jeudi.

Je vais bientôt commencer mes expériences sur la pourpre. J'ai trouvé, dans Fabio-Colona, un recueil de tout ce que les anciens ont écrit sur ce sujet; Pline les efface tous. J'ai vu les expériences faites par M^{rs}. de Reaumur et Duhamel sur le même sujet; ce dernier avoit une idée très-juste; après les expériences curieuses faites sur la liqueur, telle qu'elle existe dans l'animal, il dit qu'il faudroit des amas considérables de ces coquillages pour teindre une très-p... .e quantité d'étoffe, et que vraisemblablement les anciens avoient le secret de dissoudre la goutte de liqueur, que renferme le coquillage, dans une quantité suffisante d'eau. Pline le dit positivement ; il n'y avoit qu'à le lire, *singulisque aquæ amphoris centenas et quinquagenas medicaminis (liquoris purpurei) libras æquari.* Quel sera le dissolvant de cette goutte de liqueur qui se mêle si difficilement avec l'eau ?

Pline le dit encore : *cui (venæ purpuræ) addi salem necessarium.* Il est aisé de connoître la nature du sel dont Pline parle ici ; nous connoissons ceux qu'on emploie pour extraire les drogues colorantes ; et des expériences, faites en suivant cet auteur pas à pas, mettroient au moins sur les voies. Il y a encore un autre avantage à suivre cet auteur dans la matière présente : s'il paroît obscur, parce qu'il est concis, un peu plus bas, il jette une lumière vive sur ce qu'il a dit plus haut ; il n'exige que de l'attention et de la réflexion, et on voit alors qu'il ne pouvoit écrire autrement sans faire un ouvrage immense, ennuyeux, qu'on auroit dédaigné de lire, et qui se seroit perdu comme tant d'autres.

J'aurois encore une infinité de choses à vous dire, Monsieur le comte, sur la matière que j'entreprends de bien étudier, mais tout cela est inutile avant de tenter les faits; s'ils réussissent, j'aurai l'honneur de vous en faire part sur-le-champ. Je compte être aidé dans mon travail par le comte Ginnani, aux lumières duquel je devrai beaucoup dans cette entreprise.

Le père Pacciaudi sort de ma chambre, où il me laisse un mot pour vous; je vous l'envoie dans cette lettre (1).

Agréez les sentimens de l'attachement sincère et respectueux avec lequel j'ai l'honneur d'être, etc.

MAZEAS.

(1) Cette Lettre de *Pacciaudi* se trouvera dans sa correspondance avec le Comte de Caylus, que je vais publier.

LETTRE XIX.
DE M. MONNERON.

à Annonay, 27 Février 1759.

MONSIEUR,

Si mes talens, mon âge et ma fortune, me mettoient à même de parcourir les monumens antiques, d'en faire la description, et de fixer les époques qui ont donné lieu à ces ouvrages des anciens, je m'attacherois, par préférence, à ceux qui sont répandus en différens endroits de la France, et desquels l'on n'a que des notions confuses. Vous pensez en citoyen, Monsieur, en donnant aux antiquités gauloises un amour de prédilection, sur les étrangeres qui sont, à tous égards, moins intéressantes pour un Français. Mon attachement pour ma Patrie, m'a porté à observer les monumens qui l'environnent, et sur lesquels je ne sache pas que personne ait jeté un regard curieux et attentif; permettez que je vous fasse part de mes observations, peut-être vous intéresseront-elles peu; mais je vous prie de les regarder comme un hommage de mon respect, et de l'envie que j'aurois de vous plaire.

Tein-bourg, dans le Dauphiné, situé sur les bords du Rhône vis-à-vis le tournant, n'est connue aujourd'hui, que par les vins de l'Hermitage que produisent ses coteaux : je présume qu'il n'en étoit pas de même autrefois, et qu'il a été habité par les Romains. Voici en peu de mots les conjectures sur lesquelles je me fonde:

1°. L'on a trouvé, et l'on trouve souvent encore, en fouillant dans nos vignes, *des cercueils de pierres de grais, des urnes, des médailles:* mais ce qui me surprend le plus, c'est que l'on voit *un mur,* entre les vignes de Grossieu et du Méal, long de plus *quatre cents toises,* sous lequel il y avoit plusieurs cercueils de pierre avec leurs couvertures de même, il en reste encore trois qui sont très-bien conservés. A l'extrémité de ce même mur, l'on voit des vestiges d'un ancien bâtiment, que je prendrois volontiers pour ceux d'une forteresse.

2°. Le *Taurobole*, qui étoit à la cime du coteau de l'Hermitage, et qui sert à présent de *piédestal* à une croix sur la place du port, prouvent invinciblement que l'on y a fait des sacrifices solemnels. (*Nota.* Ce monument a été publié, Mercure de France, avril 1751, p. 751, et Hist. Acad. vol. 5, p. 294).

3°. Il reste encore une portion de prés, de trois quarts de lieues de longueur, assez bien conservée du grand chemin, que les Romains avoient pratiqué à travers les Alpes, pour venir de Rome à Lyon et au-delà, et ce qui vous surprendra, Monsieur, c'est que le nom de *via magna*, que les Romains donnoient par excellence à ce chemin, s'est conservé jusqu'à présent, presque sans altération : nos paysans l'appellent encore *via magna*.

4°. La curiosité m'ayant porté, ces vendanges dernières, à visiter les fondemens qui restent aujourd'hui, d'un édifice qui m'a paru avoir été *un temple des anciens*, entrecoupé par plusieurs murs de refend, je vis les restes d'un canal, pour la conduite des eaux, qui, au lieu d'être en pierres de taille, qui n'est pas rare dans les environs, étoit bâti de moëllon revêtu seulement d'un mastic, d'un pouce d'épaisseur, fait probablement avec de la chaux vive, et des morceaux de brique rouge. Je trouvai dans le même endroit un morceau de corniche, un petit fragment d'astragale, et des petites pièces de marbre de différentes espèces, et couleurs qui servoient, sans doute de pavé, ou à incruster des pilastres. Un de mes amis qui vient de partir pour Paris, aura l'honneur de vous en présenter, de ma part, une demi-douzaine : personne n'est plus compétent que vous, Monsieur, pour juger de leur qualité.

5°. L'on voit à trois quarts de lieue de Tein, et au milieu d'une vaste plaine, *trois redoutes* en terre, formées sur une même ligne, et distantes l'une de l'autre d'environ dix toises : elles sont fort longues et fort élevées encore, malgré leur ancienneté, et le peu de consistance de la terre, avec laquelle elles ont été faites. Il n'est pas douteux que ces retranchemens n'aient servi pour couvrir le front d'une armée. Mais quand, et à quelle occasion ? c'est ce que j'ignore parfaitement, de même que tous ceux que j'ai consultés. Tous les renseignemens que j'ai pu trouver, à cet égard, se bornent, à ce qu'en dit M. l'abbé de Marolles, dans ses notes sur l'histoire de France de Saint-Grégoire de Tours. Il marque que l'empereur Septime Sevère, vainquit auprès de Tein le tyran Albin, et que le lieu prit alors le nom de *Tinurtium*, par la grande quantité de sang qui fut répandu dans cette bataille. Je conçois, parfaitement, que l'on ne pouvoit choisir un champ plus propre, pour faire combattre deux armées, de même que pour les faire subsister. Les trois redoutes, dont j'ai l'honneur de vous parler, se trouvent placées à distance égale du Rhône et de l'Isere, et éloignées seulement d'une demi-lieue de l'un et de l'autre, de même que du confluent; mais, comme M. de Maroles n'est pas un auteur fort exact, je crains bien qu'il ne se soit trompé, ou sur le lieu, ou sur la chose; car Tein est appellé *Tegna*, dans l'itinéraire d'Antonin et Tournus, *Tinurtium*.

6.° Tein jouissoit encore d'une sorte de considération au milieu du quatorzième siècle; puisque Charles V épousa Jeanne de Bourbon, dans cet endroit, le 8 Avril 1350, selon Charier, dans son histoire du Dauphiné, liv. 10, sec. 3.

7.° L'on assure que l'obélisque d'Arles, et les colonnes de granit, qui sont dans l'église d'Aisnay, à Lyon, ont été tirées *des environs de Tein*; l'on y fait actuellement des tables destinées, dit-on, pour Mrs Trudaine et de Marigny; elles me paroissent très-belles; mais je crains fort que cette pierre, ou marbre, ne soit revêche au ciseau. Si vous croyez, Monsieur, que les plans, tant des masures, que des redoutes dont j'ai eu l'honneur de vous parler, puissent être de quelque utilité, et donner des lumières pour l'histoire ancienne, il vous sera très-aisé de les avoir par le moyen d'un des deux messieurs que je viens de nommer, qui chargera le sous-ingénieur des ponts et chaussées, qui sont à Tein, de les lever. Comme je ne suis ni géomètre, ni dessinateur, je suis hors d'état de le faire par moi-même.

Il n'y a que très-peu d'années que je me suis attaché à ramasser des médailles : ma collection (s'il m'est permis de me servir de ce terme) se borne à une trentaine en argent, ou en bronze, toutes assez bien conservées : vous pouvez en disposer dès-à-présent, Monsieur, si vous êtes dans ce goût, et si elles vous font plaisir; mon goût dominant m'a décidé en faveur du jardinage; je ne crains point d'avancer, que peu de personnes en France sont aussi riches que moi en renoncules; j'en ai actuellement en terre plus de six cents espèces toutes élitées; je suis fort bien aussi en œillets, en tulipes, et en auricules, je serois charmé de pouvoir vous en présenter.

Ma lettre finie, depuis plus de quinze jours,

a resté sur mon bureau, dans la crainte où j'étois, que cette rapsodie ne vous déplût, ou ne vous ennuyât; j'ai vaincu ma répugnance, en la remettant au courrier d'aujourd'hui; je ne suis point jaloux, ni amateur de mes foibles productions, mon but n'étant que de vous donner des preuves du respect avec lequel je suis, etc.

MONNERON.

LETTRE XX.

DE M. DE ROCHEFORT.

Monsieur,

Vous aimez Homère, et ce qui prouve parfaitement cette amitié, c'est que vous avez bien voulu l'étendre jusqu'à son traducteur. Cette bonté de votre part, Monsieur le comte, me fait un devoir de vous apprendre que depuis deux mois les fièvres et les médecines concourent à me désespérer. On veut, ce que ni vous, ni moi n'aurons le courage d'imaginer, on veut que je rompe avec Homère, comme un amant trop passionné, dit-on, qui perd ses forces pour sa maîtresse. J'ignore si cette perte peut être regardée comme considérable, mais il est très-vrai qu'elles ne sauroient revenir; que j'ai toujours la fièvre à mes trousses, et que la dissipation seule et l'exercice peuvent me rétablir. Je vais passer quelque temps à la campagne chez un ami, au Moulinet, douce retraite, telle qu'il convient à un homériste; elle est à deux lieues de Pontchartrain. Pourrois-je me flatter, Monsieur, que par votre entremise, M. le comte de Maurepas, le digne ami des lettres, et sûrement l'ami d'Homère, daigneroit permettre à son trop foible traducteur d'aller dans la saison de la chasse, du côté de la ferme St.-Aubin, essayer sa maladresse sur quelques perdrix, accompagné de l'ami qui le loge, encore moins destructeur que le suppliant. Je vous devrois, Monsieur, ainsi qu'à M. le comte de Maurepas, la nouvelle chaleur dont mon sang a besoin, et que je ne cherche à ranimer que pour en faire un nouveau sacrifice à notre commune idole.

Je suis avec un profond respect,

DE ROCHEFORT.

LETTRE XXI.

DE M. PAJONNET.

A Alichamps, le 6 Juillet 1763.

Monsieur,

J'ai reçu la lettre que vous m'avez fait l'honneur de m'écrire, et les deux volumes dont elle annonce l'envoi. Cette nouvelle faveur étant un surcroît ajouté aux bienfaits dont vous m'avez ci-devant comblé, elle devroit également ajouter aux sentimens que tant de marques de bonté ont dû m'inspirer ; mais cette augmention n'est pas possible, et je ne crains point, Monsieur, de vous en faire l'aveu. La raison en est toute simple ; je suis si pénétré, mon dévouement est si entier, que les sentimens que je vous ai voués ne sont plus suceptibles d'accroissement. Heureux ! et mille fois heureux ! si je puis un jour avoir l'occasion de vous convaincre que je pense mieux que je ne sais m'exprimer ! Tel est le ton que je dois avoir avec vous, Monsieur, et que je prendrai toujours : je vous suis inférieur à trop d'égards pour en rien diminuer. Je vous supplie, Monsieur, de me le passer : le plus léger changement à cet égard me rendroit si gêné, si contraint que je n'oserois plus prendre la liberté de vous écrire, dans la crainte que j'aurois de vous manquer.

Je ne puis encore, Monsieur, vous rendre un compte exact de la forme et de la distribution de l'ancien édifice dont j'ai eu l'honneur de vous parler. Son emplacement est à trente pas communs, et au levant d'été de la voie romaine. Il paroît que sa forme étoit un quarré long; la face, tournée au nord, avoit cinquante-deux pieds de long. On n'a point encore découvert toute la longueur des deux murs parallèles à la voie romaine. Les fondemens ont quatre pieds et demi de hauteur. A un pied de distance de ces fondemens étoit placé un mur fait de gros quartiers de pierre brute, long de trois pieds, et épais d'un pied et demi. L'appartement du côté de ce mur avoit trente-deux pieds et demi de largeur, et celui qui étoit au couchant n'en avoit que douze et demi. Ces deux pièces sont coupées dans leur longueur par un mur épais de deux pieds et demi. Depuis la découverte de la médaille d'argent de Marc-Aurele, que j'ai eu l'honneur, Monsieur, de vous offrir, on n'a trouvé que quelques morceaux de vases de verre et de terre. On ne peut assez admirer la vivacité et la belle nuance des couleurs formées par les sels vitrioliques de la terre, et attachées sur les premiers; le vernis des derniers, faits de terre rouge, et couleur de gorge de pigeon, aussi doux au tact que le marbre le mieux poli, est si parfaitement conservé qu'il a encore tout son éclat. Si je puis déterminer mon colon à laisser cette partie inculte, aussitôt après la récolte je la ferai fouiller, pour être en état de vous rendre un compte plus détaillé de cet édifice. Vous me mandez, Monsieur, de vous écrire ce que je pense de votre explication sur Neris. Je vais vous obéir, mais avec protestation que je soumets à vos lumières et à votre jugement tout ce que je dirai.

Les ruines d'un ancien théâtre, découvert près Neris, vous causent, Monsieur, de la surprise; votre étonnement paroît même augmenter en raison du silence de l'histoire sur ce bourg. Dans l'incertitude qui naît d'un silence si profond, vous proposez ce théâtre comme un monument isolé du luxe des Gaulois, ou des Romains de la Gaule, et peut-être de l'amusement de l'une de ces deux nations; mais le fait vous paroissant, Monsieur, trop difficile à croire, vous aimez mieux présumer que ce théâtre a été construit pour une ville, dont la ruine auroit vraisemblablement précédé celle de l'empire romain. Quelque borné que je sois, je crois pouvoir dire que cette présomption est juste, et même établie par les observations suivantes que l'on auroit dû joindre au mémoire qui vous a été envoyé.

Loin d'admettre le Neris actuel pour le lieu indiqué par la colonne milliaire découverte ici, on doit présumer que ce bourg s'est élevé sur les ruines de deux villes jadis bâties dans son voisinage. Cette présomption ne sera pas jugée simple conjecture, si l'on pèse sur les raisons tirées de la position et de l'état actuel des lieux.

Au nord de Neris, et à l'ouest de son théâtre, est une colline qui s'étend de l'ouest à l'est: elle est en partie couverte de ruines qui indiquent l'assiette d'une ancienne ville. Son exposition au midi et le voisinage de ses eaux, portent à juger que cette ville étoit gauloise; on pourroit en trouver quelques preuves dans la fouille de ses ruines; mais, en attendant ces éclaircissemens, on croit ce jugement fondé sur le goût des Gaulois, qui choisissoient par préférence les hauteurs et le voisinage des eaux pour y bâtir leurs villes. Goût et choix démontrés par le *dunum* qui terminoit le nom du plus grand nombre de leurs villles aujourd'hui connues, comme Augustodunum, Noviodunum; *dunum* signifiant en langue celtique une montagne, un lieu élevé, ainsi que vous l'observez, Monsieur, dans votre cinquième volume. On ignore il est vrai le temps de la fondation et de la destruction, ainsi que le nom de cette ancienne ville, mais son existence passée est constatée par ses ruines. Elle pouvoit être du nombre des villes appelées jadis *castra*, *oppida*, villes subordonnées aux cités, et dont le nombre étoit très-considérable avant et lors des conquêtes de César dans notre Gaule. (1) C'est peut-être à cette derniere époque que l'on doit fixer sa destruction, soit qu'on l'attribue à la fureur des Gaulois, soit qu'elle ait été l'ouvrage de la politique des Romains.

En effet, les Gaulois outrés de la perte de leur liberté, indignés de subir le joug romain,

---

(1) Mézerai les fait monter à 1200.

se déterminent à périr tous les armes à la main, plutôt que de survivre à la perte de la gloire que leurs ancêtres leur avoient acquise. Cette résolution se fortifie à mesure que César étend ses conquêtes. Ils délibèrent de brûler toutes les villes qu'ils ne peuvent garder. Cet avis ouvert par Vinceugentorix est généralement applaudi; l'exécution en est jugée nécessaire et pressante. On met le feu partout. Plus de vingt villes du Berry sont brûlées en un même jour. Les états voisins ne sont pas plus ménagés. De toutes parts on ne voit qu'incendies. Or, la jonction du Berry avec l'Auvergne ayant précédé ces embrasemens, leur intérêt étoit devenu commun; il a donc pu arriver que notre premier Neris ait été pour lors sacrifié, comme tant d'autres villes, à la cause commune, et compris dans l'incendie presque général. Cela est d'autant plus vraisemblable que cette ancienne ville étoit, ou sous la juridiction, ou sous la protection, ou dans l'alliance de l'Auvergne, ou du Berry. Sa position ne permet pas d'en douter.

Mais peut-être aussi, Monsieur, qu'elle a été sacrifiée à la politique des Romains, qui auront jugé sa destruction comme *nécessaire*; car ces conquérans obsédés de l'esprit de domination, et très-avides de conquêtes, mettoient tout en usage pour conserver celles qu'ils avoient faites. Connoissant donc tout l'intérêt qu'ils avoient d'éviter l'affoiblissement de leurs armées, ainsi que les dépenses excessives toujours occasionnées par des garnisons nombreuses, ou trop multipliées, ils renversoient les murs des villes subjuguées, ou les laissoient tomber en ruines. Politique qui d'ailleurs contenoit dans le devoir un peuple toujours dangereux quoique soumis ; et on peut dire que cette précaution étoit nécessaire pour prévenir la rébellion d'une ville telle que notre ancien Neris, qui, quoique peu considérable par son étendue, à en juger par ses ruines, étoit néanmoins forte d'assiette, et située comme dans le centre de notre Gaule. Raisons qui auront porté les Romains, ou à la détruire, ou à la laisser démantelée et sans défense, afin qu'elle fût désertée, ou plus aisément contenue dans le devoir.

Les ruines que l'on voit, celles que l'on découvre chaque jour dans le terrain situé à l'est du théâtre de Neris, annoncent certainement l'assiette d'une ancienne ville. Les monumens antiques trouvés dans le même lieu, et que vous détaillez, Monsieur, en partie, viennent à l'appui de ce jugement. Je crois devoir ajouter que j'ai vu, suivi et fouillé l'aqueduc; que je suis entré sous la partie de sa voûte qui existe encore dans la longueur de sept pieds. Cette voûte, à la prendre du fond du canal, n'a que trois pieds de hauteur et dix-huit pouces de largeur. La brique ou carreau de terre qui forme le canal a onze pouces de largeur et dix-huit lignes d'épaisseur, et ses bords relevés ont six pouces de hauteur. Ce carreau est mastiqué sur un lit de ciment rouge épais de dix-huit lignes, et ce lit de ciment est posé sur un lit de mortier blanc très-dur et épais de huit pouces.

La voie romaine de Neris à Chantelle ayant cédé à l'effort du charroi, et étant beaucoup creusée dans la partie où elle est traversée par cet aqueduc, ce monument paroît maintenant beaucoup plus élevé que la voie romaine. De là on le suit dans presque toute la largeur de la ville, d'où l'eau étoit sans doute conduite et distribuée dans différens bassins. On m'a assuré sur le lieu que cet aqueduc avoit deux grandes lieues de longueur. J'aurois fort désiré de pouvoir le visiter depuis sa naissance, et de le suivre dans sa longueur pour en examiner la fabrique, surtout dans les vallons très-profonds qu'il traverse nécessairement ; mais cet examen auroit exigé du séjour, et conséquemment une dépense au-dessus de mes moyens. Ce que j'en ai vu et fouillé suffit pour faire juger que ce monument a été destiné pour l'usage d'une ville, et conséquemment que le terrain situé à l'est du théâtre de Neris sur lequel il a sa direction, étoit jadis l'assiette d'une ville à laquelle cet aqueduc fournissoit de l'eau.

Au sud, et à peu de distance de cette ancienne ville, étoit une tour ou forteresse qui la commandoit. On ne peut déterminer quelle étoit l'étendue du terrain qu'elle occupoit, parce que l'on a bâti sur son emplacement; mais l'on observe encore que son enceinte étoit fermée par un mur, et que ce mur étoit environné d'un fossé très-large. Suivant la tradition du lieu, cette tour avoit soixante pieds de hauteur, et elle étoit l'ouvrage de l'empereur Néron, d'où elle étoit appelée tour de Néron, et que, de cette dénomination, la ville avoit été appelée Neris, par abréviation du mot Neronis. Je ne veux point, Monsieur, contrarier la tradition, ni condamner l'étymologie du mot Neris. Cette tour pouvoit être en effet l'ouvrage d'un Néron ; mais j'ose dire que cette tradition, quoique vraie au fond, seroit cependant fausse dans l'attribution de cet ouvrage au sixième César ; car, si Julius Vindex s'est révolté sous le règne de Néron, cet empereur a survécu si peu de jours à ce propréteur révolté, qu'il n'a certainement pas eu le temps de faire construire cette tour pour contenir la ville dans le devoir. On peut cependant concilier ce point de fait, et la tradition, avec l'histoire ; car il est certain que la tour a existé.

Mais, au lieu de l'admettre pour un ouvrage de Claude Néron, on peut juger qu'elle a été élevée par l'ordre de Tibère Néron, désigné, et nommé quelquefois dans l'histoire, par le seul nom Néron, *et rerum potiri Neronem fama eadem tulit*. Cette présomption paroît d'autant plus fondée, que, sous le règne de cet empereur, l'avidité des gouverneurs, et des exacteurs, fit soulever presque toute la Gaule. Ceux d'Autun et leurs alliés révoltés, sous la conduite de Julius Sacrovir, furent défaits par Silius. Aussitôt après cette victoire, Tibère informa le Sénat de la fin de cette guerre, et de son départ pour les Gaules, où il alloit, disoit-il, donner les ordres nécessaires. Ce fut sans doute après cette révolte, et dans ce voyage, qu'il ordonna la construction de cette tour, qui aura donné à la ville le nom de Neris, *à Neronis turri.*

Je ne sais, Monsieur, si sur un fait aussi douteux qu'il est peu constaté, il ne seroit pas permis de penser que ce second Neris a, par abréviation, conservé le nom du premier, qui pouvoit être nommé *Neviodunum*, parce qu'il étoit bâti sur un lieu élevé, et peut-être consacré à Mars. On sait que ce Dieu, si révéré par les Gaulois, comme arbitre de la guerre, avoit ses temples et ses prêtres chez les Romains, et que sa force et sa puissance étoient signifiées par le seul mot *Nevio*. Ce seroit donc de ce mot que les Gaulois auroient formé leur *Neviodunum*, ou par religion, ou par allusion à la force de l'assiette de leur ville, et que les Romains, par dévotion au Dieu Mars, se seroient contentés d'abréger le *Neriodunum*, et d'en former le nom Neris, qu'ils auroient donné à cette seconde ville.

Mais, quel qu'ait été le nom de cette ville, on ignoreroit son existence passée, si elle n'étoit décelée par les ruines et les monumens antiques découverts dans son sein. Nous ne sommes pas plus éclairés sur le temps de sa ruine. L'histoire et la tradition n'en disent rien. Nous ne pouvons donc, Monsieur, que conjecturer. Cette ville a peut-être eu le même sort que celles pillées et brûlées par Materne révolté, dont l'armée ravagea la Gaule et l'Espagne; ou peut-être que, comme tant d'autres villes, elle a été en proie à la fureur des Allemands et des Suèves, qui, sous la conduite du cruel Crocus, rasèrent jusqu'aux fondemens le fameux temple de Vasso, ravagèrent l'Aquitaine, détruisirent ses villes, et massacrèrent ses habitans. Ce qui autorise à admettre l'une ou l'autre de ces deux époques, c'est que l'assiette de cette ancienne ville, comme celle de la cité de Cordes, dont vous parlez, Monsieur, dans votre troisième volume, est, depuis si long-temps couverte de vignes, que l'on peut faire dater cette plantation au moins du règne de Probus, qui révoqua la loi de Domitien. Mais peut-être aussi qu'elle n'a été détruite qu'au commencement du cinquième siècle, pendant lequel notre Aquitaine, livrée aux fureurs de la guerre, fut également en proie aux barbares qui la ravagèrent : mais c'est aussi vous faire la guerre, Monsieur, que de prendre sur vos momens précieux. J'abuse de la permission que vous m'avez donnée ; je le confesse, et je me tais.

Vous trouverez, Monsieur, un mémoire ci-joint, que vous aurez la bonté de supprimer, s'il vous paroît défectueux. Je ne puis assez répéter que je ne demande ni ne désire des richesses, mais seulement des secours de l'emploi desquels je vous rendrai un compte exact. Je les obtiendrai à coup sûr de monsieur l'Archevêque de Rouen, à l'élévation duquel M. le comte de Maurepas a beaucoup contribué. Une légère pension sur bénéfice me seroit égale. M. le Marquis de l'Hôpital m'a dit, Monsieur, que vous pouviez me procurer l'un ou l'autre par vous-même, ou par M. le Marquis de Marigny, votre ami, et il m'a même offert de vous en parler : mais je l'ai instamment prié de n'en rien faire, dans la crainte de vous paroître incommode et fâcheux. Vos bontés, Monsieur, sont pour moi un vrai trésor, et je me croirai heureux et riche, si vous me permettez de vous assurer de temps à autre du profond respect avec lequel je suis, etc.

PAJONNET.

LETTRE XXII.

DE M. DE BENHINK.

A Evenburg, en Ostfrise, le 5 Juillet 1764.

Monsieur,

J'étois allé faire un tour à la campagne, lorsque votre lettre obligeante est arrivée à Séver. J'ai fait des remèdes pour un délabrement assez considérable de santé, dont s'ensuit toujours une incapacité d'esprit, qui achève de me rendre peu digne de m'entretenir avec un homme tel que vous. L'idée de vos maux a augmenté les miens.

Qu'une femme soit malade, à la bonne heure; que nombre de ces oisifs obscurs ou illustres, que l'on rencontre à chaque pas, s'amusent à souffrir pour faire quelque chose : je n'ai pas toujours assez d'humanité pour m'en affliger. Mais qu'un être utile, aimable, bienfaisant, illustre, qui sacrifie la moitié de sa vie à s'instruire, et l'autre à instruire les hommes et à leur faire du bien, ait les deux mains entreprises d'une goutte malfaisante, qu'il n'a pas mérité, et qui prive le monde de mille découvertes intéressantes; qui fait souffrir celui qui fait tant de plaisir aux autres.

En vérité, cela m'impatiente autant contre la Providence, que vous me paroissez vous-même vous impatienter contre le genre humain. Puissai-je apprendre bientôt, Monsieur, que ces mains si laborieuses, et qui nous ont donné tant de chefs-d'œuvres d'érudition, sont remises en activité, et que du moins les douleurs vives, moindres peut-être que l'ennui d'une inaction forcée, mais plus dangereuses pour le fond de la santé, ont fait place à une situation plus tranquille. J'ai conjuré M. l'abbé Couche de ne me pas laisser ignorer un objet si intéressant.

Oserois-je risquer encore quelques petites témérités, quelque curiosités, quelque propos aventuré sur la foi de votre indulgence?

J'ai souri, Monsieur, en vous voyant si effrayé de nos friponneries germanique. Vous croyez donc les Allemands les plus grands faussaires de l'Univers? je le veux bien; mais oserai-je vous supplier de ne pas croire qu'il n'y ait nul moyen d'attraper quelque chose de bon et de bien bon même, dans cette Allemagne dont vous me faites si grand peur. Si vous aviez eu l'occasion d'y chercher vous-même, vous verriez qu'il faut dans ma Patrie, comme par tout ailleurs, des connoissances sûres, et surtout qu'il faut voir par ses propres yeux; moyennant quoi, l'on trouve quelquefois des choses bien précieuses.

Il est vrai, que c'est plutôt en fait de médailles, qu'en tout autre genre, que l'on peut espérer une riche moisson. Si mes moyens étoient égaux aux occasions, je ne serois pas en peine de me procurer, sans sortir de l'Allemagne, le plus superbe cabinet de médailles, de pierres gravées et de camées, qu'aucun particulier ait peut-être jamais eu en France même: je ne désespérerois pas même d'y ajouter par-ci par-là quelques bronzes, statues, lampes, bas-reliefs, vases étrusques, etc. que vous-même, Monsieur, ne repousseriez pas; mais ce sont de ces choses qu'il est impossible, dans nos pays, de faire par commission, à moins de vouloir risquer d'être submergé d'horreurs, comme vous l'avez été au grand détriment, ce me semble de votre imagination.

J'étois à Venise, il y a quelques années; j'avois prié quelques personnes de connoissance, de me procurer des sujets d'antiquité.

On m'assura que je serois servi à point nommé.
Je croyois alors, de bonne foi, que les rues
en Italie devoient être pavées de monumens
précieux. Deux jours après, on vint m'annoncer des brocanteurs d'antiquailles, qui m'apportoient, à ce que disoient mes laquais, des
choses admirables. On étala le tout dans mon
antichambre. Je trouvai deux ou trois grandes tables remplies de quelques centaines de
montres, cousines-germaines de celles qui vous
sont venues l'année passée d'Allemagne Cela
a continué sur ce ton pendant tout mon séjour.

J'ai vu dans des villes de Lombardie des
collections entières, appartenant à des propriétaires nobles, marchant sous un parasol,
deux pistolets dans la ceinture, et vous offrant
à acheter d'un air menaçant, pour beaucoup
de sequins, ce qui valoit à peine autant de sous.
J'ai plus trouvé de belles et bonnes médailles,
en une semaine en Allemagne, qu'en deux mois
en Italie. La raison en est bien naturelle;
puisque tout est recherché, suivi, connu,
estimé dans cette Patrie de l'antique : au lieu
que dans la mienne, il n'y a guère d'amateurs
ni de connoisseurs.

Mais ne me trouvez-vous pas encore bien

osé, Monsieur, de hasarder ainsi de résister à la sage et prudente terreur, que vous voulez m'inspirer? Revenons un peu à nos moutons, et pardonnez-moi mes écarts. Un Anglais se servoit un jour, en parlant d'un homme fort illustre, qui s'amusoit à des bagatelles, de cette plaisante expression, que j'ai toujours retenue: C'est Jules César qui fouette une toupie. En vérité, c'est à peu près ce que vous faites, quand vous voulez bien causer avez moi; je ressemble alors comme deux gouttes d'eau à la toupie, et vous sentez bien que le héros auroit eu mauvaise grâce de se fâcher contre elle, ayant tant fait que de la mettre en train de tourner autour de lui.

Je veux essayer jusqu'où va votre patience, et je m'en vais hasarder quelques paradoxes pour l'éprouver.

Par exemple, Monsieur, que diroit votre ami M. Pelerin, si j'allois m'émanciper à me vanter de la possession d'un Othon de bronze?

Qu'en pense-t-il? suis-je déjà excommunié à l'autel de l'antiquité? mais un petit moment de répit, s'il vous plaît, pour m'entendre!

Si cet Othon étoit Grec, de moyen bronze, frappé en Egypte, s'il se trouvoit être le même que Séguini a donné au cabinet du roi, et si l'on pouvoit le voir fidèlement représenté dans son livre de *Selecta Numismata Antiqua*. (Edition de Paris 1684, à la page 140) le cas seroit-il donc absolument pendable, Monsieur? et ne seroit-il pas possible que ma réputation s'en sauvât? Daignez un peu sonder le gué sur ce chapitre, si respecté jusques ici, et prononcez-moi mon arrêt sans m'anéantir.

J'enverrai mon *gordien Eupator*, dès que je serai de retour chez moi à Jester, afin qu'on juge de sa vertu intrinsèque.

Je vous ai envoyé, il y a plusieurs semaines, une boîte avec trente médailles incertaines, sur lequelles j'implore le secours de votre célèbre ami. Je tiens enfin son livre adorable ; mais on me l'a envoyé ici sans l'avoir broché, et comme c'est à la campagne, chez un de mes parens, que je bois les eaux, je n'ai pas d'occasion, seulement, de le faire coudre, sans risquer de le gâter. Ainsi, je le lis comme cela, tournant et retournant les feuilles, ce qui est désolant quand on est avide de ce qui suit. Mais quoique j'aie l'honneur d'avoir la moitié de mon sang français, ce qui me mettroit en droit d'être un peu vif et impatient, l'autre moitié de sang allemand, qui m'a été transmis a modéré pesamment l'agréable pétulance du premier, de façon que je me trouve le flegme qu'il faut pour ne me pas lasser de tourner, de retourner ce livre admirable, jusqu'à ce que je me trouve en lieu où je pourrai le faire relier.

J'y ai déjà trouvé des éclaircissemens sans nombre, et je suis stupéfait du nombre immense de nouveautés, et des lumières du possesseur d'un trésor si inestimable.

Il y a entre autres, une médaille d'un *Eucratides*, roi de *Bactrianne*, qui me paroît d'une grande singularité, et je ne me rappelle pas avoir jamais rien vu qui lui ressemble, dans un assez grand nombre de cabinets que j'ai vu en Hollande, en Italie et en Allemagne.

Vous aurez peut-être ouï-dire, Monsieur, que l'on a trouvé nouvellement à Janten, au pays de Clèves, un vase rempli de dix-huit cents médailles d'or, que le roi de Prusse fait rassembler et racheter de tous les côtés. Une adresse que j'ai dans ce pays, m'a procuré le plaisir de voir dix ou douze morceaux de ces nouvelles découvertes, qui sont de la plus parfaite conservation. Les empereurs que j'ai vus étoient, Valentinien, Constantin, Honorius, Gratien, Arcadius; les têtes étoient ordinaires. Le seul que j'aie gardé, et qui est un peu moins commun que les autres, est un *Valens*, qui est d'une grande beauté. Ils étoient trop payés pour en prendre davantage, n'y trouvant rien de rare d'ailleurs; ainsi, je me suis borné à celui-là seul. Il faudra voir la description que l'on donnera, sans doute au public de ceux que le roi aura recouvrés : peut-être s'en trouvera-t-il parmi de plus rares que ceux que l'on m'a communiqués. Un évêque en Hongrie, en se bâtissant un château, vient aussi de faire une trouvaille considérable, dont le père Frolick, devoit bien, ce me semble, prendre la peine de nous donner la description.

Vous aurez su, sans doute, que le roi de Prusse s'est avisé, dernièrement, de faire vendre, au plus offrant, une partie de son trésor. Je l'ai su trop tard, pour en profiter; mais on dit que l'on a vendu des Philippe et des Alexandre, à une couple de gros, ce qui fait grand mal à mon cœur antique. J'aimerois mieux que ce prince eût fait vendre quelques mille mousquets, dont on ne fait que du mal à son prochain, et qu'on laissât en repos nos pauvres souverains.

Si vous avez la bonté de me procurer une explication, sur mes trente incertaines, ce sera une vraie faveur, et M. l'abbé Couche aura la bonté de me renvoyer le paquet par les chariots qui vont lentement à Amsterdam. Je vous ai envoyé aussi, mais non à votre adresse, mais à celle de M. l'abbé, quelques morceaux de l'ouvrage du jeune peintre, que vous voulez honorer de votre protection, par une nouvelle preuve de votre façon trop obligeante de penser à mon égard. Ce qui en fait le mérite principal, c'est que ce jeune homme n'a encore appris qu'autour d'un an ; du moins, lorsqu'il a fait cet essai, que je soumets à votre jugement, avant de prendre un parti par rapport à lui. Je ne me lasse point, Monsieur, de vous avoir des obligations, car mon estime extrême, pour votre caractère, soulage ma vanité, et l'empêche de se révolter de tant de droits, que je vous vois acquérir sur moi. Le brocanteur, que vous avez bien voulu adresser à M. l'abbé Couche, est encore un nouveau trait de votre complaisance.

Mais je m'apperçois que c'est là votre véritable élément, que d'obliger ceux qui vous admirent. Mettez-vous donc à votre aise, je tâcherai de m'y mettre à mon tour, en me livrant avec délices à la gratitude, jointe à tous les autres sentimens que vous m'inspirez

Mais, il me faut encore votre secours, pour m'acquiter vis-à-vis de la personne obligeante, qui a bien voulu faire ma connoissance par apostille, et que je n'ai l'honneur de connoître encore, que par une attention bien agréable pour moi, puisqu'elle m'a procuré de vos nouvelles qui m'intéressent si vivement. Je vous supplie de l'en remercier très-humblement. Que ne lui devrois-je pas, Monsieur, s'il met le comble à sa bonté, en m'annonçant votre parfait rétablissement ? Pardonnez ce détestable barbouillage, je bois les eaux qui me tournent la tête; mais il me paroît que vous aimez les cérémonies aussi peu que moi. Puissiez-vous mettre quelque prix à la sincérité ! en ce cas, je n'aurai rien à désirer; car vous me permettrez, à ce compte, de vous être dévoué tant que j'existerai (1).

P. DE BENHINCK.

(1) On pardonnera sans doute à cet Allemand quelques incorrections de style, pour les tournures originales et pour la naïveté qui règnent dans sa lettre.

LETTRE XXIII.
DU Chev. DE MONS DE SAVASSE.

L'Aumussé, près Mâcon, ce 22 Sept. 1764.

MONSIEUR,

Vous avez grand sujet, de vous plaindre de moi, *eu égard aux sentimens que je vous ai voués*, de différer si long-temps à vous satisfaire sur le trésor considérable trouvé à Mâcon, le jour de la foire du jeudi-gras dernier, sur le glacis du chemin couvert, vis-à-vis le milieu du rempart où est la belle promenade de la ville, c'est-à-dire, dans le milieu de cette courtine; il fut découvert à cinq ou six pieds de profondeur par le *nommé Piaguet*, vigneron qui avoit pris le prix fait de combler des cours intérieures de l'hôpital que l'on construit avec beaucoup de magnificence sur les plans donnés par le fameux Soufflot, architecte à Paris, et il étoit permis à ce vigneron de niveler le terrein de ce glacis, pour fournir aux remblais que l'on a fait dans cet hôpital.

Ce trésor consistoit en statues d'argent de la plus grande élégance, en plat ou patère, et en médailles d'or et d'argent, jusqu'au règne de Gallien, passé lequel l'on n'en trouve pas une seule, ce qui prouve que ce dépôt a été enfoui à la révolution des trente tyrans, qui obligea chaque particulier pécunieux à se précautionner sur les événemens; il est même probable qu'il appartenoit à une femme, parce qu'il contenoit une grande épingle d'or avec une tête plate formant une rose. Je ne l'ai point vue, elle est au pouvoir de madame de la Martine, qui, dit-on, l'a cassée en la nettoyant. Il contenoit aussi un collier, composé de perles, baroques alternativement, avec des primes d'émeraude de la longueur de quatre lignes, sur une et demie d'épaisseur, taillé à pans assez grossièrement, le tout enfilé d'un fil d'or à chaîne, dont chaque chaînon occupe l'espace des perles ou des émeraudes; il est terminé, des deux côtés, par une agraffe en or, comme toutes les anciennes *fibula;* c'est M. de la Vernette, lieutenant de roi, qui en est possesseur, moyennant dix écus, quoique j'en eus offert douze, car il ne sert qu'à prouver le mauvais goût de nos anciens à cet égard, et la supériorité du nôtre; les perles, d'ailleurs des plus ternes, n'étant que des tubercules de la nacre que l'on en a détaché de la grosseur d'environ un pois; ces deux articles me donnent lieu de supposer que le trésor appartenoit à une femme, que la mort a surprise sans pouvoir en faire usage ou l'indiquer, et qu'elle avoit mis, à l'exemple de nos dévotes, tout son or et son argent sous la garde de ses dieux Pénates dont elle avoit les statues, comme nos dévotes ont les portraits et les images des saints qu'elles affectionnent particulièrement.

Les médailles étoient au nombre, peut-être, de plus de trente mille; je n'en ai eu que quatre en or que j'ai payées, au refus de chacun, environ cent sous pièce, au-delà du poids; je m'en suis défait à Lyon, contre des médailles d'argent qui augmentoient ma suite; car, quoiqu'il m'en ai passé de celles-ci plus de six mille sous les yeux, moyennant environ dix-huit cents livres qu'il m'en a coûté, je n'en ai qu'environ six cents; ensuite tout le reste a été envoyé à Lyon, à Paris, à Dijon, à Bourg, Châlons, Cluny, et autres lieux, ou a été fondu par les orfévres; il y en avoit peu de consulaires, aucune de colonie, ou des rois de Grèce, presque toutes étant impériales; mais si l'on avoit eu le choix sur le tout, l'on pouvoit en former une collection plus complète qu'aucun cabinet de particulier, parce que les rares s'y trouvoient en proportion avec les communes, comme d'une à mille, plus ou moins.

M. Aulas, avocat à Mâcon, et premier syndic de la ville, en a environ quatre à cinq cents des premiers empereurs, qu'il a acheté au poids de l'argent fin, parce qu'il n'en veut point de celles dont le métal est altéré, encore moins de fourrées; l'on reconnoît celles qui lui ont passé par les mains, par des grands coups de lime de taillandier, ou de burin, dont il les éprouve, ou fait éprouver, ce qui leur fait un tort très-considérable. Il en a aussi sept en or; il a également sept statues en argent, de la plus grande beauté, d'environ cinq pouces de hauteur, à l'exception d'un Mercure qui en a au moins sept, et dont le manteau a été doré, de même que celui d'un Jupiter *brotanté*, qui est d'un travail exquis, de même qu'une Cybèle. Quant aux autres, dépouillées de leurs attributs par les orfévres qui les ont nettoyées, ou par le vigneron qui s'en est grossièrement acquitté, je ne puis vous dire précisément ce qu'elles représentent, n'ayant fait que de les entrevoir; il y a aussi deux patères d'environ huit pouces de diamètre, avec un rebord arrondi de plus d'un pouce d'hauteur; elles sont très-minces, et il y a des trous considérables par vétusté, ou pour avoir été détachées avec force; car tout le trésor ne formoit qu'une masse étroitement liée par le tartre et le vert-de-gris, ensorte que le vigneron, et ses semblables, se servoient de toutes sortes d'outils, avec marteau, pour en séparer les pièces, ce qui partageoit souvent les médailles surtout celles de bas aloi.

Mais ce que je regrette le plus des choses que je sais fondues, sur le témoignage d'un orfévre, c'est un Saturne, le Temps ou l'Eternité, sous la figure d'un serpent qui se mordoit la queue, d'environ dix-huit pouces de diamètre, qui fut barbarement mis en pièces pour entrer dans le creuset, avec une grande coupe d'environ un pied de diamètre, taillée à pan, ayant un rebord plat de dix-huit pouces, avec moulure, ciselée autour. Dans le fond de ce bassin, il paroissoit qu'il y avoit eu des pièces soudées en rond, que le vigneron a probablement détachées; je crois que ce sont plusieurs petites divinités à demi-couchées, d'environ un pouce de longueur, sur huit lignes de hauteur, qui représentoient le festin des Dieux; c'est-à-dire, les noces de Thétis et de Pelée, parce que parmi les statues trouvées, il y a un Pâris tenant la pomme d'or à la main. J'ai quatre de ces petites figures, qui, je crois, étoient soudées dans le fond du bassin, et M. de la Vernette en a une autre; elles sont assez grossièrement traitées, ou le temps les a dévorées, quoiqu'en argent fin, parce que le tartre qui les couvroit étoit aussi dur que le métal. J'ignore le sort des autres.

Outre les statues que possède l'avocat Aulas, il y a cinq piédestaux élégamment travaillés, avec dorure; il est probable qu'ils ont servi à ces statues; ils ont environ deux pouces de hauteur sur autant de largeur, taillés à pan, rentrant dans le milieu, avec moulure, filet et côte de melon sur le bord supérieur; il a aussi un petit autel quarré d'environ un pouce de hauteur, des mieux faits, avec la flamme au-dessus; ce même autel paroît gravé dans le milieu de l'une de ces patères, avec un prêtre, par côté, en action de sacrifice, ayant le bras levé sur l'autel fumant, et tenant une patère à la main.

Je n'ai pu avoir que la chèvre Amalthée, ou signifiant autre chose, car sa longue corne est dans le milieu des deux oreilles, dont l'une est fort courte, ayant probablement été cassée; cette chèvre, des mieux traitée, a un pouce de hauteur, et autant de longueur; j'ai aussi un petit coq qui n'a que huit lignes de hauteur, sur autant de longueur; je le suppose un Alectrion; plus, une Justice en médaille ronde, ou plaque de deux pouces et demi de diamètre; elle paroît avoir été sur quelque corps solide, ou destinée pour être attachée sur un manteau par les quatre trous qui sont sur le bord de la moulure ornée de feuilles d'acanthe, et relevée en bosse comme la médaille qui ne pèse qu'environ un écu, parce qu'elle est repoussée par derrière, et très-mince; plus, un piédestal rond, avec gorge dans le milieu, sans aucun ornement, de plus d'un pouce de longueur, sur huit lignes de hauteur; il porte l'empreinte de la soudure des deux pieds d'une statue; finalement un Mercure de bronze, dont le bras droit est cassé, ainsi que la main gauche; mais il est d'un bon dessein d'environ quatre pouces de hauteur; c'est peut-être la seule pièce de cuivre qui ait paru du trésor, il est probable qu'elle étoit dans des terres contiguës, comme quelques médailles qu'on a trouvées; et précédemment, dans une vigne joignante, une grande statue de bronze de plus d'un pied, représentant une femme voilée, qui tenoit un enfant entre ses bras. Le vigneron ne doutant point que ce ne fût la Sainte Vierge et l'Enfant Jésus, la porta au curé de Flacey, dont la paroisse s'étend jusqu'aux remparts, pour qu'il la plaçât dans l'église; mais ce curé la reconnoissant pour une idole, lui dit qu'elle étoit digne de l'enfer, et qu'il falloit la vendre à un fondeur. J'ignore quel a été son sort.

Le vigneron Piaguet croyoit si peu d'avoir trouvé chose qui vaille, qu'il vouloit donner le tout à un ferblantier pour un louis; et comme il ignoroit la manière d'en détacher les pièces sans les rompre, il les vendoit en groupe à raison d'un liard pour autant de pièces que l'on pourroit compter dans cet état, et successivement deux liards. J'en fus informé dès le même jour; mais les supposant des Constantines, ou de la mitraille plus moderne, je négligai de les voir. Enfin m'étant rendu plusieurs jours après à Mâcon, la femme du vigneron m'en vendit un plein panier à raison de trois sous la pièce. Je les mis à la lessive du tartre dans l'eau bouillante, qui les nettoyant parfaitement, m'en fit connoître toute la valeur. Je fus plusieurs fois à Mâcon pour en ramasser dans la ville, parce que chacun en avoit; d'ailleurs la vigneronne et son mari m'avoient dit qu'ils m'avoient remis tout ce qu'ils avoient; cependant ils m'en ont fourni encore depuis, comme à plusieurs autres, mais à 5 ou 6 sous la pièce, et la recherche que j'en fis leur donna une telle valeur, que l'on en vouloit jusqu'à trente sous, quoique plusieurs les eussent gâtées, en les récurant avec du sable contre une pierre, ou en les faisant fondre à moitié; car pour dissoudre le tartre rouge dont plusieurs étoient couvertes, il falloit les tenir plusieurs jours en lessive bouillante.

Peut-être qu'il y a encore des statues qui ne sont pas fondues, parce que l'avocat n'en a eu que quatre dans le commencement, et les autres, depuis peu de jours, avec les piédestaux et les patères; mais comme depuis huit ans, j'ai fixé mon domicile à ma commanderie, il ne m'est pas possible de déterrer chez qui elles peuvent être. Le vigneron, comme quelques autres qui ont eu part à cette découverte, craignoit d'être recherchés;

ce qui est cause qu'ils ne disent pas un mot de vérité, et que l'on a fondu tout ce que l'on a pu, à la persuasion des orfèvres, parce que les médailles d'or font, suivant eux, la dorure la plus parfaite, et celles d'argent bas, la meilleure soudure. Cependant j'ai offert le double du poids de tout ce que l'on m'apportera en statue ou autres figures, et ustensiles; mais le sieur Aulas, qui abuse de son emploi, fait fureter par tous les valets de ville, et menacer de son ressentiment ceux qui ne lui porteront pas ce qu'ils ont, au moyen de quoi le vigneron et sa femme ne cessent de dire depuis six mois qu'ils n'ont rien, quoiqu'ils vendent journellement aux personnes en place pour acquérir leur protection contre ceux qui voudroient les priver du petit bénéfice qu'ils ont fait, que je suppose de cent louis au plus, quoique le tout put valoir au moins dix mille écus en seul poids de matière.

Le sieur Aulas a porté son attention jusqu'à envoyer journellement des valets de ville pour assister au nivellement que l'on faisoit, afin d'obliger les ouvriers à lui porter ce qu'ils trouveroient, sans aucune ordonnance de la maison de ville, ni du gouvernement qui peut, à juste titre, répéter ce qu'il s'est procuré, en lui rendant son déboursé, parce que, dès que la ville ne le réclamoit pas, ni le gouvernement, il ne devoit pas se prévaloir de son emploi au préjudice des ouvriers, et des curieux qui l'auroient vendu et acheté au plus offrant.

Il seroit bien à souhaiter qu'il y eût une ordonnance qui condamnât à une grosse amende les orfévres, les fondeurs, et autres, qui anéantissent les monumens de l'antiquité; et M. le comte de Caylus ajouteroit un nouveau motif à l'immortalité qu'il mérite, s'il la sollicitoit de concert avec l'Académie des inscriptions, dont l'exemple seroit suivi dans toute l'Europe; mais elle ne sera jamais efficace tant que le fisc appliquera le tout à son profit, et que celui qui trouve n'aura pas un bénéfice au-delà du poids des matières, et le dénonciateur une récompense. Ce que l'on a perdu, par le défaut de cette ordonnance, est cent mille fois plus considérable que ce que nous possédons. J'en pourrois citer une infinité de preuves; mais je me bornerai à une seule.

Il y a quelque temps que le père Nicolas, capucin de la maison de Grenoble, me dit qu'en faisant la mission en Dauphiné, une servante se confessa à lui d'avoir trouvé un dépôt de médailles d'or sous la pierre du foyer d'un vieux château occupé par le fermier ; qu'en nettoyant les cendres, il en sortit quelques-unes de ces pièces, ce qui l'engagea à une plus exacte recherche sous cette pierre qui étoit entièrement calcinée et crevée, où elle en trouva en quantité. Le capucin lui ayant répondu qu'elle ne pouvoit les appliquer à son profit, ni les vendre, sans s'exposer à les perdre toutes, il falloit qu'elle les lui apportât pour en disposer d'une manière convenable à l'intérêt de sa conscience ; et cette fille les lui ayant remises, il les porta aussitôt à un orfévre de Grenoble de ses amis, qui les fondit en sa présence ; quant au produit, il en donna une partie à la fille pour son établissement ; d'une autre partie, il en fit faire un magnifique retable, et autres décorations, à l'église où il faisoit la mission, et du reste il en acheta une belle bibliothèque nécessaire à tout confesseur et missionnaire.

L'on me dit à Lyon, le mois de juin dernier, que l'on venoit de trouver à Nîmes près de la *maison quarrée*, un trésor considérable, appartenant à l'empereur Galba : c'est tout ce que j'ai pu en savoir.

Après avoir satisfait, Monsieur, à votre

curiosité, relativement aux deux lettres que vous m'avez fait l'honneur de m'écrire, il est temps que je me justifie sur la lenteur de ma réponse, en vous disant qu'ayant voulu élever des vers à soye en plein air, c'est-à-dire, dans une loge environnée de filets, que j'ai fait construire dans mon jardin, à laquelle épreuve l'intendant a fait contribuer la province de cinq cents écus, je m'y suis livré sans relâche depuis le mois de janvier dernier, avec un entier abandon de mes affaires et de toutes relations, surtout, depuis le 9 du mois de juin, que j'exposai vingt onces de graine dans cette loge, laquelle a produit deux fois plus de vers que je n'avois lieu d'en attendre, puisque suivant tous les auteurs, l'on ne compte que trente mille graines fécondes dans l'once, ce qui auroit dû ne me donner qu'environ six cents mille vers, et je crois en avoir eu au moins deux millions par le compte que j'en ait fait sur un pied quarré de mes tablettes ; j'ai éprouvé des peines infinies pour fournir à leur nourriture pendant les moissons, étant obligé d'envoyer chercher la feuille jusqu'à six lieues à la ronde; cependant, par une infinité de contre-temps, auxquels je n'ai pu remédier, je n'ai eu qu'environ sept quintaux de cocons, dont le tirage m'a occupé jusqu'au commencement de ce mois. Après quoi, il a fallu me livrer à mes affaires les plus urgentes; mais je n'en suis pas moins convaincu, que les vers à soie ne voyent, n'entendent, ni ne sentent, et qu'ils n'ont que les organes absolument nécessaires à leur destination; qu'en conséquence, nous avons grand tort d'en faire des animaux domestiques, et qu'il est probable que dans peu d'années, soit par cette méthode, soit par la quantité de muriers, qu'on a plantés dans toute l'Europe, le prix de la soie ne soutiendra pas la concurrence de celui du chanvre. Quant à l'abondance des vers, que j'ai comparée à la graine, je l'attribue à l'accouplement simultané de deux papillons mâles avec une femelle; ce qui produit dans la même graine des vers jumeaux, dont aucun auteur n'a parlé jusqu'à présent.

J'ai l'honneur d'être, etc.

Le Chev. DE MONS DE SAVASSE.

J'oubliois, Monsieur, de vous dire, que l'avocat Aulas, n'est point dans le dessein d'envoyer ses antiques à Paris, mais de les porter lui-même, supposant qu'il en aura bientôt l'occasion, et qu'il n'oubliera pas de les produire à M. le comte de Caylus. Quant aux huit pièces, dont je suis pourvu, je me ferai un vrai plaisir de vous les envoyer dès que j'aurai quelque occasion sûre pour cela, parce que j'ai perdu par la poste, il y a environ trente ans, pour environ cent écus de médailles en or et en argent, que j'envoyois à M. le Bret, premier président et intendant d'Aix, qui étoit mort d'apoplexie, ce que l'on ne sut que par l'ordinaire suivant.

J'avois négligé d'en faire charger la feuille de la poste, parce que le paquet étoit assez considérable et déguisé, pour que je pus espérer qu'il lui seroit rendu sans fraude. Je ne pus en avoir aucune satisfaction; les héritiers et tuteurs, ayant déclaré ne l'avoir point reçu. Enfin, il y a quatre ans que j'envoyai à Paris deux médailles d'or à un avocat de mes amis ; il ne put s'en défaire, surtout de l'une des deux, dont un autre auparavant avoit refusé dix louis : il crut que je ne devois pas la donner pour ce prix; cependant l'avocat n'ayant pu par la suite trouver la somme que l'autre avoit refusée sans me consulter, je lui écrivis de les remettre à une autre personne, toujours errante dans Paris, dont le père est mon commissionnaire à Lyon, depuis plus de trente ans; ce dernier les confia à un médecin qui dit les lui avoir rendues, ce que l'autre nie affirmativement ; au moyen de quoi, mes deux médailles ont été perdues pour moi sans ressource; ainsi ne trouvez pas, Monsieur, extraordinaire, si je ne confie pas au carrosse le peu que j'ai d'antique; il n'en est pas de même des médailles que j'ai doubles. Si vous trouvez à les échanger avec d'autres en argent ou cuivre, je m'engage avec plaisir à vous les envoyer par le carrosse.

J'ai l'honneur d'être, ect.

Le chev. DE MONS DE SAVASSE.

LETTRE XXIV.

DE M. CALVET.

Avignon, ce 2 Mars 1761.

Monsieur,

La singularité d'un monument, que j'ai acquis depuis peu, donne lieu à la lettre que j'ai l'honneur de vous écrire. J'ai cru devoir vous en envoyer le dessin. J'avois cette figure du vivant de M. le Prieur de Foulques. Ce respectable ami, en me pressant de vous la faire connoître, s'étoit chargé de vous prévenir sur la liberté que je prends; sa mort me prive de l'avantage d'être introduit; il me reste pour me présenter à vous le droit que vous en accordez à ceux qui cultivent l'antiquité.

Ce bronze, que j'ai dessiné de trois côtés, avec toute l'exactitude dont j'ai été capable, a quatre pouces trois lignes de hauteur, sans l'appui, et un peu moins de six pouces, l'appui compris; l'anse a un pouce de saillie, la largeur de l'appui est de trois pouces par derrière, et de trois pouces neuf lignes par devant; il est du même jet que la figure; le chien principal a vingt lignes de haut de la tête aux pieds, l'autre en a onze : la figure a de la vie et du mouvement, sans être fort exacte pour l'ensemble ; elle est surtout d'une proportion courte; le bras droit est maigre, et trop long de beaucoup; la main du même côté, trop grosse proportionnellement, n'est presque décidée que par la masse; la gauche est plus exprimée dans son raccourci ; les plis de la draperie me paroissent un peu secs, et trop prononcés, quoique vrais. L'air de tête a de la noblesse et quelque chose de riant que je n'ai pas su rendre. Les chiens sont dessinés correctement et avec esprit; les jambes en sont d'une proportion forte; je crois qu'il eût été impossible de donner à ces chiens plus d'expression. La tête du gros chien me paroît surtout d'une excellente manière.

Vous vous appercevrez aisément que j'ai tâché d'exprimer les défauts mêmes de ce bronze dans le dessin que j'ai l'honneur de vous présenter; j'ose vous assurer que ce dessin ne peut être plus conforme à l'original. Les mains n'ont jamais été chargées d'aucun attribut. Dans la partie de l'appui opposée au gros chien, on ne voit aucun vestige qui puisse faire soupçonner qu'il y ait eu quelque chose. Ainsi la conservation paroît ne laisser rien à désirer. A l'égard de l'antiquité, ce bronze est couvert d'un vernis qui ne permettroit pas de le suspecter, quand même il ne porteroit pas autant de caractères d'authenticité. Il m'a été envoyé de Marseille, joint à quelques morceaux parmi lesquels j'ai lieu de croire qu'il a été trouvé. Je ne crois pas qu'un monument de cette espèce ait jamais été publié. Par là, celui-ci peut être jugé digne d'être gravé dans le beau recueil dont vous nous enrichissez.

Je m'estimerois moi-même très-heureux, si en me rendant utile à vos recherches, je pouvois parvenir à mériter d'être nommé dans un ouvrage, aussi assuré de passer à la postérité. Cette ville a des monumens antiques de plusieurs genres, dont les auteurs n'ont jamais parlé; un édifice public, dont il nous reste encore plusieurs arceaux, et une colonne conservée des restes de magnificence, qui le font comparer au fameux théâtre d'Orange. Quoique les feuilles ne nous fournissent que rarement des découvertes, on en fait cependant quelquefois ; j'ai dans ma collection d'antiquités, trois têtes de marbre, qu'on y a trouvées en différens temps, savoir : un Janus, un Jupiter et une Mamaé, ou du moins une tête de femme coiffée, comme au siècle d'Alexandre Sévère ; la première, est d'un mauvais goût de dessin et d'un petit caractère ; la seconde, a plus de mérite pour la correction et l'air de tête ; la troisième, qui est la plus mutilée, laisse entrevoir des restes d'une parfaite beauté ; la manière en est grande, et elle est travaillée dans un goût de chair admirable. J'ai encore dans mon cabinet un petit autel votif, chargé d'une inscription, et une *amphora* énorme, pesant plus de deux cents livres, qui ont été de même trouvés ici.

J'avoue malgré cela, que je suis dans une contrée moins féconde en antiques, que celle où M. l'abbé Geroüin se trouve placé ; cependant, je puis ne vous y être pas inutile, et je vous prie de m'honorer préférablement de vos ordres, si vous jugez que je puisse le remplacer auprès de vous.

J'ai l'honneur d'être avec le plus profond respect,

CALVET.

LETTRE XXV.
DU MÊME.

Avignon, ce 8 Août 1761.

Monsieur,

Je n'ai différé de répondre à la lettre que vous m'avez fait l'honneur de m'écrire, le 15 de juillet, que pour vous donner, avec encore plus d'exactitude, la description des milles de Beaucaire. M. le chevalier de Courtois, mon ami particulier, qui se trouve sur les lieux, m'a fourni tout ce que je souhaitois là-dessus ; c'est un homme de goût qui aime et cultive l'antiquité, et l'histoire naturelle ; je suis assuré de l'exacte vérité de ce qu'il m'écrit.

Je ne puis mieux faire de joindre à cette lettre le détail, avec le dessin original qu'il m'a envoyé depuis quelque temps, sur la demande que je lui en avois faite ; sa lettre n'est point signée selon des conventions entre nous ; la seule lecture de cette lettre vous convaincra de la précision de ses recherches. Je vous prie seulement d'observer que ce n'est que par pure politesse qu'il ajoute, dans cette lettre, qu'il ne me conseille pas de m'en rapporter aux détails qu'il me donne. Je n'ai pas voulu toucher à un dessin qui a le mérite de la justesse. L'inscription des colonnes couchées à la porte de l'hôtel-de-ville de Beaucaire est la même sur les deux pierres; je l'ai autrefois transcrite moi-même; elle est placée dans le quarré marqué au-dessus des trous, avec les caractères suivans, et dans le même arrangement des mots.

TI CLAVDIVS
DRVSI F CAESAR
AVG GERMANICVS
PONTIF MAX TRIB
POT COS DESIG II
IMP II REFECIT

Je demandai quelques nouveaux éclaircissemens à M. de Courtois, auxquels il a répondu successivement, et dont je joins ici les extraits :

Du 14 avril 1761.

.... « Nous tirerions bien des connois-
» sances des *pierres plantades*, si le temps en
» eût épargné les inscriptions. J'avais oublié

» de vous observer que le chemin sur lequel
» ces colonnes sont placées est d'environ deux
» pieds au-dessus du terrain; il est étroit,
» suivant l'usage des Romains, et on n'y voit
» plus de traces des fossés dont ils avoient
» coutume de les border.

» Il reste un de ces monumens, placé sur
» une montagne près de la ville, qui pourroit
» aussi mériter d'être observé. J'ignore s'il est
» du même âge, et me propose d'y aller faire
» une station. »

Du 27 avril 1761.

« Le poteau qui se voit sur une de nos mon-
» tagnes n'est point un monument romain; ce
» sont les anciennes justices du sénéchal de
» Beaucaire, hautes de quinze à seize pieds,
» maçonnées à chaux et à sable. »

En dernier lieu, du 1ᵉʳ. août 1761.

........« Quoiqu'une des inscriptions des
» colonnes, conservées à la porte de l'hôtel-
» de-ville, soit plus maltraitée que l'autre, il
» n'est pas difficile de reconnoître qu'elle est
» exactement la même. On compte une petite
» demi-lieue d'ici aux pierres plantades qui se

» trouvent à la droite, et joignant un chemin
» de traverse qui ne sert plus qu'aux voyageurs
» qui veulent raccourcir, depuis la construc-
» tion du grand chemin en 1755 et 1756. L'an-
» cien chemin étoit autrefois plus battu, quoi-
» qu'il y en eût même alors deux qui condui-
» soient au même but; mais celui-ci passoit
» par Hedessan, lieu connu dans l'antiquité.
» Deux de ces pierres sont encore sur pied, la
» troisième est couchée, toutes trois du même
» côté. J'ignore si on a trouvé quelque monu-
» ment pareil d'ici à St.-Remy. J'en connois
» un en deux pièces qu'on a couché dans le
» fossé du grand chemin d'ici à Nîmes, à une
» lieue et demie environ, et près des justices
» de cette ville; mais je ne m'y suis jamais
» arrêté pour en déchiffrer l'inscription. »

Voilà, Monsieur, des éclaircissemens qui me paroissent répondre à toutes les questions que l'on peut faire sur les monumens que vous souhaitiez de mieux connoître. Si ma profession me donne quelque relâche cet automne, j'irai voir M. le Courtois qui m'en presse depuis long-temps, et je vous ferai moi-même un dessin des colonnes. Je n'oublierai point surtout de prendre l'inscription du mille cassé qui se voit dans un fossé à une lieue et demie de Baucaire. Je vais écrire au médecin de Saint-Remy, qui est un de mes amis, et nous saurons positivement s'il y a de ce côté-là quelques colonnes milliaires. Je n'ai pas pu me procurer ici l'histoire de Nîmes, par M. Ménard; cette ville a des libraires sans nombre, et fort peu de livres. Croiriez-vous, Monsieur, qu'il n'y a ici que deux exemplaires de votre ouvrage, l'un chez M. de Calvière, l'autre chez M. Mignas?

Quelques momens de loisir m'ont permis de vous faire un dessin d'un beau camée antique que j'ai vu ces jours passés; j'insère ce dessin dans cette lettre; la gravure est sur une agathe de deux couleurs; les figures sont d'un blanc de lait, sur un fond noir tirant sur le rouge. Ce camée a malheureusement souffert; le dessin vous en convaincra; les têtes ont perdu leur caractère; mais les parties qui restent, et que j'ai exprimées sur le dessin, sont d'un goût de chair admirable. La draperie, placée sous la figure à gauche, est traitée avec finesse et d'un grand goût.

Je dois vous avertir que ce qui est entre l'autel et le petit vase, ce sont des fleurs; vous voyez que je les ai assez mal rendues. En examinant ce camée, il m'est venu l'idée d'un sacrifice à la bonne Déesse, ou bien de cette cérémonie absurde à laquelle la nouvelle mariée étoit assujétie. Cette pierre appartient à un curieux de ma connoissance, cependant je puis en disposer, et si vous vous proposiez d'en faire usage, il ne me seroit pas impossible de vous la mettre sous les yeux; du reste, je puis répondre de la vérité du dessin.

Il ne me reste pas assez de place pour vous témoigner combien je suis sensible aux bontés dont vous m'honorez.

J'ai l'honneur d'être, etc.

CALVET.

LETTRE XXVI.

A M. CALVET (1).

Beaucaire, ce 28 Mars 1751.

Monsieur,

Il y a bien long-temps que je vous aurois satisfait, sur les instructions que vous me demandiez au sujet des *pierres plantades*, si je n'eusse voulu attendre un dessin plus régulier que celui que je fis moi-même sur les lieux, le dimanche des rameaux; mais n'ayant pas été content du dessin qu'on m'avoit promis, je vous envoye les miens avec toutes les proportions marquées ainsi que les fractures. Si vous soupçonnez la destination des trous creusés au-dessous des inscriptions des colonnes qui sont à la porte de l'hôtel de ville, vous m'obligerez de me l'apprendre. Ces trous sont réguliers, ayant neuf pouces de diamètre, sept de profondeur sémi-sphérique, et sont bordés d'une filure. Vous trouverez, derriere, l'inscription moderne qui étoit sans doute près

---

(1) Cette Lettre est du Chevalier *le Courtois*.

d'une brèche faite par l'artillerie du château à la ville qui a toujours suivi le parti de nos rois dans les guerres civiles, tandis que le château étoit souvent soumis aux rebelles. M. de Parabere en étoit capitaine en 1574.

Les trois autres pièces, qu'on nomme ici pierres plantades, se voient à demi-lieue de la ville, contre un chemin de traverse plein de gros cailloux, qui passoit autrefois dans un rocher taillé des deux côtés, nommé roc partide, qui depuis a été dégradé par les torrens. La premiere est un pilastre, sur lequel j'ai cru lire l'inscription *T I. Cæsar*, et le reste que vous verrez derrière. Cette inscription devoit contenir autre chose que vous découvrirez mieux que moi quand vous voudrez que nous y allions ensemble. Les deux autres, dont une a été renversée, sont taillées à part d'un côté, le reste est en colonne, ayant plus que la demi-circonférence d'un cercle; on y reconnoît encore les traces des caractères que le temps a détruit, et chaque pièce est d'un seul bloc de pierre froide et dure que nos maçons ne connoissent point dans le pays, mais qui ressemble à la pierre de Baratel, dont on s'est servi pour les ouvrages de la fontaine de Nîmes.

L'opinion commune est que ces monumens ornoient un tombeau ancien; ce sont plus vraisemblablement des pierres milliaires d'un chemin des Romains, pour la communication de Nîmes à St.-Remi, en passant par Beaucaire, nommé *Urgenum* dans Strabon. Au reste, il ne seroit pas surprenant qu'il ne restât point d'autres traces d'un chemin qui n'avoit pas besoin des mêmes précautions que les autres voies de ces peuples, par la qualité du terrain qui est presque partout ferme, graveleux ou rempli de cailloux.

On trouve quelquefois ici des antiquités qui annoncent le séjour des Romains, telles que des cippes, des frises, des fragmens de mosaïque, des médailles même d'Auguste, des Antonins et autres, et on en rencontreroit une plus grande quantité sans les crues du Rhône qui ont beaucoup élevé le terrain où l'on a bâti la ville. Vous avez les inscriptions qui me sont connues. Feu M. des Porcellets, marquis de Maillane, auteur des *Recherches historiques et chronologiques sur la ville Beaucaire*, cite dans cet ouvrage imprimé à Avignon, chez Charles Girou, en 1718, les trois suivantes qu'il dit avoir vues contre notre ancienne église collégiale, et que l'ignorance a sans doute ensevelies dans les fondemens de la nouvelle.

D M
MEMORIAE LICINIAE DECUMIAE SEXTVS
LICINIVS BREVNA. VS. VXORI
ICIN. TERTVLLVS MATRI

D M
ATVRIAE CAELISIAE
TROPHIMVS IIC
SATV   LIBERTVS

Q. LEPID. EQ
MATRI

Nous avons un autre monument de Lépide à Postumie sa mère; mais le triumvir étoit d'une famille illustre parmi les patriciennes, et celui-ci ne prend que la qualité de chevalier. Venez, mon cher Monsieur, examiner vous-même des antiquités que vous m'avez donné occasion de connoître; vos yeux, plus faits à ces objets, y découvriront peut-être des choses que je n'ai pu y voir, et je ne vous conseille pas de vous en rapporter aux détails que je vous donne. Ces pierres ne sont point aussi bien conservées qu'elles le paroissent dans le dessin. De plus, j'ai renversé leur position; le pilastre devoit être à la droite de la colonne qui est sur pied, et l'autre à la gauche. Je ne comptois pas vous envoyer ce brouillon. Le désir d'admirer ces ouvrages de nos maîtres fera peut-être ce que mes instances n'ont pu encore obtenir. Je le souhaite avec tout l'empressement d'une amitié que vous connoissez, et qui ne se démentira jamais.

Je dois depuis long-temps une réponse au P. Magnan, qui avoit la bonté de m'offrir des médailles des Papes : différentes occupations ne m'ont pas laissé assez de loisir; si vous le voyez, je vous prie de m'excuser auprès de lui, en le remerciant de ses offres.

LE COURTOIS.

LETTRE XXVII.

DE M. CALVET.

Avignon, ce 28 octobre 1761.

Monsieur,

Je vous remercie des soins que vous avez bien voulu prendre, pour me faire passer le paquet de M. Pellerin : il m'a été rendu très-exactement ; j'ai reçu en même temps, avec reconnoissance, les offres obligeantes que vous me faites, dans la lettre qui l'accompagnoit.

J'insère dans cette lettre, le dessin d'un petit vase de verre qui a été trouvé ces jours passés (1). La forme m'en paroît agréable ; cependant, je n'aurois pas songé à vous le

---

(1) Vase de verre trouvé à Montfaucon, petit village à deux lieues d'Avignon, sur le bord du Rhône, en travaillant une chaussée, pour laquelle on a fait de grandes excavations. On a trouvé beaucoup d'antiquités dans l'espace de trois ou quatre cents pas. *Note écrite de la main du Comte de Caylus.*

Cette note donne une idée de la manière courte, simple et nette dont il faisoit ses extraits.

présenter, s'il n'avoit eu une singularité qui confirme ce que vous dites dans l'explication de la planche neuvième de votre second vol.

C'est le Ponty qui est aussi décidé dans ce verre antique, que dans nos verres d'aujourd'hui; il est placé un peu à côté du centre de sa base; malgré les marques d'antiquité de ce vase, ce Ponty me l'auroit fait suspecter, si la manière dont je l'ai acquis, ne le mettoit hors de soupçon. J'étois appelé à Montfaucon, petit village, situé sur le bord du Rhône, à deux bonnes lieues d'Avignon; on y travailloit à une chaussée, pour laquelle on faisoit des excavations considérables. C'est dans ces terres qu'on trouva, presque sous mes yeux, le verre que vous voyez, avec trois autres exactement semblables.

A côté, étoit une magnifique urne de verre sans Ponty, avec deux anses doubles, contenant des os calcinés, placée dans une pierre cubique, qu'on avoit creusée exprès. J'eus ce petit vase de la femme du paysan qui l'avoit trouvé; je n'ai pu avoir, ni l'urne, ni les trois autres pareils. Il est incroyable combien on a trouvé d'antiquités de ce côté-là, dans l'espace de trois ou quatre cents pas; c'étoient des vases et des pots de terre de toutes les formes; presque tout a été détruit par les paysans, jusqu'à une espèce de préféricule de bronze, qui est le seul morceau de métal qu'on ait découvert; il avoit près d'un pied de hauteur; j'en ai vu l'anse et quelques morceaux. Si ce vase de verre peut vous servir, je pourrai vous en envoyer un dessin moins informe; il seroit bien plus simple que vous me permissiez de vous envoyer le vase même; assurément une misère de cette espèce, ne dérangeroit point la résolution où vous êtes, de ne recevoir aucun présent.

Me permettrez-vous de vous faire ici une proposition ? Vous avez infailliblement dans vos recueils des doubles de bronze qui vous deviennent inutiles : trouverez-vous mauvais de m'en céder quelques-unes, en me disant cela me coûte tant? je ne voudrois point des choses précieuses; je vous prierois même de choisir, parmi vos doubles, celles qui vous ont le moins coûté. J'aime l'Egyptien; des figures de bronze de ce peuple, me feroient plaisir; les Isis même de terre me conviennent, en les supposant au-dessus de six pouces de haut et avec des hiéroglyphes. Quelques ustenciles antiques de bronze seroient reçus aussi bien volontiers. Je vous serois bien obligé de m'envoyer, premièrement, une petite liste de ces pièces, avec le prix que vous en avez donné. Ce que je viens de dire des monumens égyptiens, n'exclut pas les autres.

Je vous prie toujours de disposer de moi dans tout ce que vous jugerez à propos.

J'ai l'honneur d'être, avec un profond respect,

CALVET.

LETTRE XXVIII.

DU MÊME.

Avignon, ce 9 Août 1762.

Monsieur,

La dernière lettre que j'eus l'honneur de vous écrire vous annonçoit mon départ pour Marseille ; je la fis partir par les diligences avec un volume de thèses de médecine ; celle-ci, qui peut-être arrivera aussitôt que l'autre, vous donne déjà la nouvelle de mon retour. Ma tournée, sur les côtes, a été plus courte que je ne l'avois projeté ; je n'ai pu aller ni à Toulon, ni à Hières ; par conséquent je n'ai point fait les observations que j'avois en vue ; une maladie de ma mère, que nos médecins crurent sérieuse, et qui heureusement n'a été qu'un rhume, m'obligea d'accélérer mon départ. Je suis arrivé depuis trois ou quatre jours : je vais vous rendre compte de mes recherches.

Au milieu de près de vingt-cinq cabinets d'histoire naturelle qu'on trouve à Marseille, on n'y voit rien qui mérite le nom de collection d'antiquités : il n'y a pas même des médailles antiques. Je n'ai apporté qu'une douzaine de pièces de grand bronze sans mérite, avec une figure égyptienne de bois, de sept pouces de haut, dont les deux mains, avec le fouet et la clef, sont dessinés à l'encre, de même que les hiéroglyphes qui la couvrent. Je n'ai pas trouvé une seule médaille pour M. Pellerin ; je vous prie de lui en témoigner mon regret, et de l'assurer de mes respects.

Il y a au Martigues, chez l'abbé Arnaud, une Isis de bronze, avec des cornes, de sept à huit pouces de haut ; elle est debout, très-bien jetée, et assez conservée ; mais elle n'a d'ailleurs aucune espèce de singularité.

Chez l'abbé Surian, à Marseille, dans une grande galerie pleine d'histoire naturelle, dont la plupart des pièces n'ont pas le plus petit mérite, il y a un tiroir plein d'antiquités égyptiennes, où il y a bien des choses qui méritent attention. On lui donna cela tout fait ; je n'ai pas pu savoir d'où il l'avoit tiré. Ce sont des figures grotesques dans des attitudes plaisantes, des amulettes singulières, des hommes à tête de différens animaux ; plusieurs de ces figures sont de terre, avec le vernis égyptien extrêmement fin. Quoique certaines n'aient pas un pouce de haut, elles sont soignées et finies à un point qui étonne. Il y a dans cette collection, sans exagérer, huit à dix pièces dont vous pourriez faire usage ; je me suis tourné et retourné de toutes les façons pour tâcher de lui avoir quelque chose, je n'ai rien pu obtenir ni par troc, ni autrement. Il est riche et ignorant, points capitaux qui, lorsqu'ils sont ensemble, mettent la plus grande difficulté dans le commerce. Il me pria d'étiqueter plusieurs choses de son cabinet, et voulut le nom de ses figures, qu'il ne connoissoit que de vue. Je lui ai promis des bois pétrifiés ; cela lui a fait ouvrir les yeux ; peut-être aurons-nous quelque chose par-là. Ce qu'il y a, selon moi, de plus considérable dans ce tiroir, c'est un bassin antique de bronze d'une parfaite conservation, avec deux anses mobiles dans des anneaux placés sous le fond du bassin. Ce bassin peut avoir un pied de diamètre ; il donne l'idée d'un bassin à barbe. L'abbé dit qu'il a été trouvé dans la mer, pres de l'embouchure du Nil : cela se peut assurément ; mais nous ne devons pas nous fier à ce qu'il avance. Je crois que les échancrures des bords du bassin sont en plus grand nombre que je ne les ai marquées. Je regardai froidement cette belle pièce, afin qu'il ne put pas se prévaloir des éloges que j'aurois pu lui donner.

M. Grosson, courtier de Marseille, homme poli et intelligent, en me montrant son cabinet d'histoire naturelle, me fit voir quelques morceaux égyptiens qui y sont mêlés ; ils n'ont rien de singulier, et je les laissai : mais en jetant les yeux sur sa cheminée, j'aperçus une pièce exactement semblable à ce que je vous envoyai dernièrement, que vous avez appelé un jouet d'enfant ; même grandeur, même forme, mêmes bandes, mêmes trous dans la base extérieurement, enfin je croyois voir encore sur ma table le même morceau que j'avois. Rien ne me surprit tant.

La partie la plus haute est cependant mieux conservée, et donne l'idée d'une tête de chien à long museau. M. Grosson l'avoit ouvert parallèlement à sa base ; il y trouva, non pas six, mais cinq petites balles que j'ai vues ; elles sont un peu plus grosses que les vôtres. Ce morceau a été trouvé à Craulonguette en Camargue, sur les bords du Rhône ; la mer étoit autrefois dans cet endroit. La multiplicité de ces monumens, leur découverte dans la mer, leur forme constamment semblable, tout cela me feroit croire qu'ils ont un objet sérieux. N'auroit-on pas voulu faire une barque votive après quelque naufrage, ou dans les dangers? Ces balles ne seroient-elles pas les cendres de quelque partie de l'animal immolé dans cette occurrence? Pardonnez-moi ces conjectures bavardes.

Ce que j'ai vu de plus beau à Marseille; ce que j'ai admiré en fait d'antiquités, c'est une figure de marbre blanc, de la conservation la plus heureuse, qui par la grenade qu'elle tient d'une main, m'a paru représenter Proserpine. Elle est de grandeur naturelle, c'est-à-dire, d'environ quatre pieds et demi; elle regarde sur le côté, et tient de la gauche une grenade et de la droite des fleurs, à ce que je crois, car cette partie étoit dans l'obscurité. La tête est du plus beau caractère; le nez est parfaitement conservé contre l'ordinaire; la coiffure est noble et recherchée, elle porte une petite couronne sur le derrière de la tête; les cheveux sont finis sans sécheresse. On voit sur le front un ornement qui fait très-bien. Le marbre n'est pas poli. On découvre peu de nu dans la figure, mais la draperie mouillée le laisse voir; cette draperie est jetée parfaitement.

En un mot, je ne crois pas trop avancer en vous disant qu'il n'y a rien de plus beau dans la galerie de Versailles. Je ne l'ai pas vue par derriere, elle est d'ailleurs dans l'obscurité et il se faisoit tard. Cette statue est dans le comptoir de M. Rogon, négociant. Elle est peu connue à Marseille; elle étoit sur une prise anglaise avec un bas-relief rond, d'un pied de diamètre, représentant un soldat assis; il m'a paru aussi fort beau. La statue et le soldat sont d'un ciseau grec; les mains de la figure sont peut-être un peu maigres. Je vous aurois dessiné la tête de cette Proserpine, si je n'avois craint que le maître n'en tirât des conséquences avantageuses: je la regardai en apparence de sang-froid. Elle est encore dans la caisse où elle étoit avec ses soutiens. M. Rogon avoit des actions sur le corsaire qui l'enleva. Je crois que le maître la vendroit; c'est un homme qui m'a paru brusque: je ne le vis qu'un moment. M. Journu qui étoit avec moi m'a parlé de mille écus; je ne sais rien davantage. Si vous n'avez pas des vues sur cette statue, il seroit peut-être à propos de n'en pas parler.

En passant à Aix, j'ai vu à St.-Sauveur le bas-relief que D. Martin a fait graver. Il a un pied sept pouces et demi de haut, sur quatre pieds deux pouces de long ; il est tronqué précisément du côté que D. Martin le termine, et terminé de l'autre côté. La dernière figure qu'on a gravée, portant un panier de fleurs, n'est autre chose qu'une cariathide qui soutient la corniche.

Ces jours passés on découvrit à Aix une inscription antique, je n'ai pas vu la pierre, on m'a donné l'inscription très-fautive : c'est un tombeau ordinaire

Ce que cette inscription a de singulier, c'est que les lettres de la derniere ligne sont dorées, les autres l'étoient aussi sans doute.

Voilà, Monsieur, tout ce que j'ai à vous dire sur ce que j'ai trouvé d'antique dans mon voyage : cela ne me satisfait pas, et en vérité je suis piqué de n'avoir rien su vous apporter dont vous puissiez faire usage.

Je n'ai pas oublié que vous me chargiez dans votre derniere lettre de vous envoyer deux assortimens de fossiles de la colline d'Uchaux ; je fais donc partir demain à votre adresse, par les diligences, cet envoi d'histoire naturelle. J'ai mis les sujets deux à deux, avec autant d'égalité qu'il m'a été possible, vous n'aurez qu'à les diviser vous-même pour les personnes à qui vous les destinez. Les orgues de mes fossiles et quelques autres articles m'ont paru des pièces intéressantes. Les bélemnites ne sont pas d'Uchaux, ils sont d'une lieue de-là, du côté de Roussas. Je joins à cette lettre un détail de quelques observations pour M. de Jussieu; je vous prie de ne le lui communiquer que dans la supposition que vous le jugerez à propos. Je suis comme toujours,

CALVET.

LETTRE XXIX.

DU MÊME.

1763.

Monsieur,

La lettre que je joins à celle-ci vous donnera la raison de mon retardement à vous répondre; M. de Séguier étoit absent, je n'ai reçu sa réponse qu'aujourd'hui. Ce qui est bien singulier, c'est qu'il a pris entièrement le change sur l'objet de la question que je lui ai faite; je croyois m'être expliqué avec toute la clarté possible, mais je dois avoir été obscur. Malgré le peu de rapport de sa réponse avec ce que je lui ai demandé, j'ai cru devoir vous envoyer sa lettre : vous pourrez en tirer quelque induction sur le monument de Mornas; je croirois volontiers que j'avois été trompé, et que Maffeï n'en dit pas un mot. Dans la première que j'aurai l'honneur de vous écrire, je vous en parlerai plus positivement; il est rare que je passe un mois sans recevoir des lettres de M. de Séguier.

Il y a plus de quinze jours que j'ai reçu les bélemnites, que M.rs de Jussieu et de Bombarbe eurent la bonté de vous remettre pour moi, je vous prie de les en remercier: je vous remercie aussi de votre attention à m'envoyer ce paquet par la poste. Sur ce qu'a marqué M. de Bombarde, un de mes amis qui habite près de la mer, travaillera peut-être à donner des éclaircissemens sur le mouvement du Zoophyte, qui porte le nom d'Orange de mer.

J'ai feuilleté, ces jours-ci, votre cinquième volume; il m'a paru d'après les gravures que la petite collection de l'abbé Surian ne pourroit rien vous fournir de nouveau, si ce n'est le bassin. Dans le doute, pourtant, je viens de tenter d'avoir quelque chose de lui; j'ai fait partir aujourd'hui à son adresse, six beaux morceaux de bois pétrifiés: il aime ces sortes de métamorphoses; il se pourroit bien qu'en revanche il m'envoyât des antiquités, auxquelles je lui ai dit que je m'amusois; dans ce cas, je vous dirai, j'ai telle et telle chose, disposez-en. Vous auriez alors sous les yeux du moins des échantillons de ce qu'il possède en antiques.

Je connoissois M. Rogon, il est un peu brusque, c'est un marin: je fus présenté chez lui par M. Journu son ami; si vous le vouliez, j'intéresserois, auprès de lui, ce même M. Journu, et nous saurions alors, positivement, s'il est possible d'avoir son beau bas-relief du soldat assis.

Je suis bien aise que vous ayez eu les bagatelles de M. Grosson. Parmi le peu de figures égyptiennes qu'il avoit enterrées, j'en remarquai une qui portoit beaucoup de singularité : je crois qu'elle pourra vous servir. Je suis extrêmement sensible à l'offre que vous me faites d'une partie de ces antiquités, de même que des pièces d'histoire naturelle que vous voudriez me procurer; vous m'avez déjà donné plus d'une preuve de votre générosité, je vous supplie de ne rien m'envoyer de cette petite collection ; ces pièces sont en trop petit nombre pour vous priver d'une partie. Lorsque j'aurai besoin de quelque chose, qui pourra me fournir des éclaircissemens nécessaires, je prendrai la liberté de vous en parler.

Je croyois vous avoir décrit la petite figure antique de Venasque, je me repens de ne l'avoir pas fait. Cette petite antique est d'argent, avec une draperie d'or. Une fille qui gardoit des moutons près du village, en s'asseyant sur le bord d'un champ, en fit ébouler la terre, ce qui découvrit tout à coup cette figure, avec une urne pleine de médailles de grand bronze. Le curé fit l'acquisition de tout cela, pour vingt écus; je n'ai jamais vu ni la figure, ni les médailles; je tiens ce détail de M. de Saint-Marin, qui est un des principaux du pays. Ce curé est un ours, il est rare qu'il permette de voir cette antiquité; il a imbu tout le pays qu'elle valoit cent louis : malheureusement il se porte bien et n'est pas vieux. Depuis long-temps, j'ai envie d'aller à Venasque, je verrai cette figure au moyen de M. de Saint-Martin; je tâcherai d'en faire un dessin, ou si on ne m'en donne pas le temps, je vous la décrirai exactement: cela ne pourra être que vers le mois d'août, car je ne suis un peu libre qu'alors. Je vous parlerai aussi du temple qu'on appelle, dans le pays, le temple de *Diane*. Il sert actuellement de latrines à tout le pays. Si vous me fournissez les mémoires que vous avez déjà sur ce temple, je serai encore plus à portée de vous en donner une bonne description.

Vaison fournit, en effet, beaucoup d'antiquités; un chemin qu'on y a fait depuis peu, et qui a exigé qu'on creusât, a découvert bien des choses, mais ce sont principalement des inscriptions sépulcrales qui n'apprennent rien. Le peu qu'on a trouvé en bronze, a été retenu par l'évêque qui n'y entend rien; j'ai su qu'à tout prendre, cela n'étoit pas grand'chose; il y a, dans ce pays, un médecin nommé Possien, avec lequel j'ai étudié et qui est homme d'esprit; je l'ai intéressé depuis long-temps à me procurer des antiquités. Malgré l'envie qu'il auroit de m'obliger, il ne m'a rien envoyé encore; peut-être est-ce parce qu'il est le médecin de l'évêque et qu'il mange à sa table. Je viens de lui écrire de nouveau, je crois qu'à la fin nous aurons quelque chose par son canal: j'irai l'été prochain à Vaison, à Cavaillon, à Vénasque, etc.; vous aurez le journal de mon voyage.

Nous n'avons ici, ni près d'ici, aucun camp romain que je sache; quelqu'un me dit, il y a plus de six mois, qu'il y avoit les vestiges d'un ancien campement, près de Cavaillon : c'est un homme si peu éclairé, que je compte pour rien ce qu'il m'a dit. Vous saurez tout lorsque j'aurai été sur les lieux, je tâcherai de vous décrire, en même temps, en quoi consistent les restes d'un bel arc de triomphe, qui sont dans les caves de l'évêché de Cavaillon.

Je vous annonce que M. Thibaut baisse tous les jours, je crois fort qu'il ne passera pas cet hiver; ainsi vous hériterez dans peu de tous ses dessins d'après l'antique : j'ai des raisons, trop longues à rapporter, pour croire que ces dessins ne nous manqueront pas.

Je crois avoir trouvé un moyen pour me procurer les antiquités qu'ont les Jésuites, dont je vous ai parlé ci-devant; si je réussis, je me presserai de vous envoyer le petit buste grec : j'ai intéressé pour cela un jésuite, aimable homme et antiquaire, qui a beaucoup de raisons de m'obliger.

J'ai acquis, ces jours-ci, deux petites figures égyptiennes en terre, entièrement semblables, pour la forme et la hauteur, et dont les caractères hiéroglyphes, quoiqu'assez nombreux, sont absolument les mêmes : elles ne sortent pas pourtant du même moule : il y a dans les caractères une ligne de plus dans l'une que dans l'autre, c'est là toute la différence.

Je n'aurois pas cru, comme vous le marquez dans votre cinquième volume, que vous souhaitassiez, depuis long-temps, un morceau de basalte; j'ai, depuis deux ou trois ans, une grande figure d'Osiris de cette pierre, il est tronqué par le bas, et de plus l'épaule droite manque; le fragment qui m'en reste a huit pouces de long : la figure entière devoit avoir plus d'un pied; il porte, par derrière, une longue bande d'hiéroglyphes, c'est là le vrai basalte; je vous l'aurois sans doute envoyé depuis long-temps, si j'avois pu deviner; il est toujours à votre service, il est prêt à partir au moindre signe que vous ferez.

J'ai cette année un étudiant de Fréjus, il sort de chez moi, et m'a dit qu'on faisoit très-souvent, dans cette ville, des découvertes d'antiquités; je lui ai parlé beaucoup là-dessus, il m'a promis monts et merveilles; son père est médecin, il m'a recommandé, bien vivement, ce jeune homme qui, de son propre fonds, mérite beaucoup. Je m'adresserai au père, pour voir si nous ne pourrions pas avoir quelque chose par son moyen.

Vous trouverez ci-inclus le dessin de trois morceaux, qui sont chez M. Mignard, il m'a prié de vous les mettre sous les yeux; l'épée est de la plus belle conservation, elle a de plus le mérite d'être vernie d'une brillante *patine*: elle vient du cabinet de M. de Caumon. Les deux anneaux portent des clefs, ce qui nous a paru peu commun; il y a de plus, chez M. Mignard, (je ne sais si je ne vous en aurois pas parlé), une lampe en terre, qui porte, en bas-relief, précisément la même composition que votre belle pierre, dont vous m'avez envoyé un soufre, c'est un Faune et une femme nue, dans la même attitude que celle de votre bague : ces deux ouvrages sont, sûrememt, d'après le même morceau qui devoit être bien beau; la femme est d'un goût de chair admirable. Si vous le souhaitez, je pourrai vous mettre sous les yeux cette lampe elle-même, comme aussi les originaux des antiquités, dont vous voyez le dessin.

Mon Dieu, que ma lettre est longue! je vous en demande pardon, c'est un défaut que je me reproche toujours; il n'appartient qu'à vous, Monsieur, d'être court et clair : quand je lis vos lettres, il me semble de vous voir et de vous entendre. Combien de fois ne me suis-je pas dit, en les lisant : ah, si j'étois auprès de M. le comte de Caylus!

Je finis : je réserve, pour une autre lettre, la description d'un monument égyptien que j'ai, et dont je m'étois proposé de vous parler.

Je suis, etc.

CALVET.

LETTRE XXX.

DU MÊME.

Avignon, ce 4 Juillet 1765.

Position et description de Mornas.

MONSIEUR,

JE vais répondre aux deux dernières lettres que vous m'avez fait l'honneur de m'écrire, le 14 et le 25 juin : je commence par la plus récente. Après mes promesses réitérées vous aurez bien lieu d'être surpris de ne pas recevoir par ce courrier les dessins d'antiquités qui étoient chez M. Thibaut ; mais vous le serez bien plus lorsque vous saurez que je ne les ai point et que je ne les aurai peut-être jamais. Permettez-moi de vous mettre au fait de cette affaire ; je serai long, mais je ne puis m'empêcher de me consoler avec vous.

Pendant la minorité de M. Mignard d'aujourd'hui, M. Thibaut s'introduisit dans sa maison qui n'étoit gouvernée que par des femmes ; il obtint leur confiance, et sut en profiter admirablement pour se procurer ce qu'il y avoit de plus beau en dessins dans le cabinet des Mignard. Il eut plusieurs morceaux des plus grands maîtres ; un très-grand nombre de dessins finis des trois Mignard, et en même temps les dessins d'antiquités dont nous avons parlé. Au commencement il possédoit cela à titre d'emprunt ; puis ce fut une propriété. M. Mignard n'ignoroit rien de tout cela, mais il gardoit le silence, parce que M. Thibaut disoit à tout le monde que ces dessins retourneroient chez lui comme ils en étoient venus ; de plus, M. Thibaut lui avoit souvent donné, même devant moi, quelqu'espérance de sa succession entière.

Je pris dès lors des arrangemens avec M. Mignard qui est entièrement de mes amis, nous convînmes qu'à la mort de M. Thibaut, il me donneroit tous les dessins d'antiquités ; que je vous les enverrois tous, et que vous choisiriez tout ce qui vous seroit utile. C'est sur cette parole dont j'étois assuré que je vous ai écrit si souvent et avec tant de confiance que vous auriez ces dessins. Voici maintenant ce qui est arrivé. Soit scrupule ou reconnoissance, M. Thibaut a effectivement laissé ses dessins à M. Mignard, mais il a dit dans son testament : je lègue à M. Mignard tous les dessins *qui sont dans un tel salon de ma maison.* L'héritier a profité de ces derniers mots pour faire la loi : le scellé ne put point se mettre. Quand M. Mignard a voulu réclamer son legs, on ne lui a donné que les dessins de ce salon. Il ne font pas la vingtième partie des autres, et surtout il n'y a pas un seul dessin d'antiquités.

M. Mignard s'est plaint, il a demandé au moins les antiquités ; l'héritier, qui est un nommé *Ayme*, a dit tout uniment *qu'il n'y en avoit point.* Voilà où en sont les choses. Il est hors de doute que ces dessins ont été enlevés par l'héritier comme bien d'autres. J'ai voulu faire agir sous main pour les acheter ; l'héritier qui croit que tous ceux qui lui parlent sont des espions, persiste à dire que ces dessins d'antiquités *n'existent pas*, et qu'il ne sais pas ce qu'on veut dire. Il auroit fallu un coup vigoureux de la part du gouvernement, mais cela n'est pas facile à obtenir.

J'espère que ce détail me justifiera auprès de vous. Si j'avois passé légèrement là-dessus, vous auriez pu m'accuser de présomption ou de légèreté, et vous auriez eu raison. Cet événement m'a donné un chagrin cuisant, de même qu'à M. Mignard : du reste rien n'est plus assuré que l'existence de ces dessins d'antiquités chez M. Thibaut; je les ai vus, il les a montrés pendant sa vie à une infinité de personnes qui en rendent témoignage. Outre un grand nombre de ces dessins qui m'ont paru des copies, j'en ai vu un que j'assure original, qui est une des faces des arènes de Nîmes. Ce morceau est de la plus grande beauté. D'autres personnes m'ont dit avoir vu le plan de ces arènes, leurs ornemens en grand, les arènes d'Arles, d'autres morceaux de cette ville : en un mot, plusieurs pièces qui vous sont essentielles. M. Mignard même a soupçonné que tout ce qu'avoit M. Thibaut, d'après les monumens antiques, étoit original de Mignard, et que c'étoit cette partie qui étoit destinée pour le roi.

Malgré cet événement qui me donne mille preuves de l'iniquité des hommes, je ne me décourage pas, si ces dessins sont encore ici je les aurai tôt ou tard. M. Mignard et moi avons mis le notaire dans nos intérêts. Il se pourroit que ces dessins aient déjà été envoyés à Paris; l'héritier a un fils sculpteur qui travaille dans un attelier de Paris, je ne sais lequel, son nom est *Ayme*. Si ces dessins ne se montrent pas ici, il est sûr qu'ils passeront entre les mains de ce jeune sculpteur à Paris; voilà par conséquent une autre ressource. Mais tout cela ne me satisfait pas, je comptois en vous écrivant cette lettre vous dire : voilà ces dessins.

Il est temps que je passe à votre lettre du 14. Je vous remercie du catalogue des livres anglais que vous avez eu la bonté de m'envoyer: cela me suffira. Je ne crois pas pouvoir jamais travailler sur la fontaine de Colmars, j'y ai réfléchi; j'ai imaginé des siphons de cent espèces différentes, rien ne m'a donné la raison de ces interruptions périodiques. Je vous envoie le mémoire que j'ai reçu; il me vient d'un Jésuite. Vous y trouverez bien des fadeurs dont le bon père a prétendu me régaler; mais je n'ai pas voulu les supprimer, parce que j'aime à vous envoyer les choses en original. Si après que ce mémoire vous aura servi, vous voulez me le renvoyer, vous en êtes le maître.

Vous m'obligerez beaucoup si vous voulez bien ne pas oublier de m'apprendre la méthode de blanchir les estampes. A l'égard du vernis je ne me suis pas expliqué assez clairement, je n'ai point prétendu parler du vernis qu'on passe sur les tableaux finis, je sais qu'on y emploie ordinairement le blanc d'œuf, je parle seulement du vernis de retouche, c'est-à-dire, de ce vernis que la plupart des paysagistes passent sur le ciel déjà fait de leur tableau pour y feuiller les arbres, ou y faire avec plus de facilité les cordages des vaisseaux; c'est un vernis sur lequel on peint, et qui sert à faire prendre la couleur sur un fond, qui le plus souvent la refuseroit sans cette précaution. Je sais que Vernet se sert de cette méthode; il est vrai qu'il ne l'avoue pas; mais cela est sûr. Vous me feriez beaucoup de plaisir si vous pouviez me donner quelque éclaircissement sur la façon de composer cette espèce de vernis.

Je vais vous dire ce que je sais de Mornas, puisque vous me le demandez. Cette très-petite ville, ou si vous voulez, ce village, est situé sur le bord du Rhône, à six lieues d'Avignon, et à deux lieues d'Orange, sur la route d'Avignon à Lyon; il est dans le comtat Venaissin, et par conséquent sur la rive droite du Rhône en montant. Il y a pourtant un terroir considérable entre le Rhône et Mornas. Ce lieu est célèbre par les fureurs du baron des Adrets; les habitans de Mornas montrent encore le lieu précis de leur montagne, d'où ce barbare précipitoit les catholiques.

Mornas est dans une plaine; il ne consiste qu'en une seule rue, où il y a des maisons assez bien bâties de chaque côté. Il est environné de murailles du côté du Rhône; l'autre côté est borné par une haute montagne sur laquelle est bâti l'ancien château, et dont l'exposition est au couchant, tirant vers le midi.

J'ai observé que les remparts étoient bâtis de maisons antiques, ce qui prouve le bouleversement du pays. Plusieurs habitans de Mornas m'ont dit qu'il y a des vestiges de bâtiment depuis Mornas jusqu'à demi-lieue au-delà. Le monument dont vous avez le dessin est placé à droite en entrant dans la ville du côté d'Orange. La muraille latérale fait partie du rempart, lequel cache une portion de la façade. Ce bâtiment antique est appelé dans le pays le Temple de Diane. On ne sait rien à Mornas de son ancien nom. M. de Regis, qui m'y rendit des services, me disoit que ce pourroit bien être l'ancienne *Aeria*. J'ai réfléchi là-dessus, et j'ai vu par cent raisons que cela ne se pouvoit pas : mais je suis fortement persuadé que c'est le *Forum*

Neronis, qui paroît avoir été appelé auparavant *Colonia Julia meminorum.* Dans une inscription trouvée près d'Orange, on lit :

M
...COL. JVL. MEM. HEREDES EX TESTAMENTO.

Elle est citée par M. Maffeï : je sais que ce n'est pas le sentiment de M. d'Anville ; mais malgré toute la vénération que j'ai pour ses lumières, je ne puis pas croire que *Forum Neronis,* soit Forcalquier.

On vient de trouver ici un bas-relief antique, à douze pieds de profondeur : c'est une espèce de frise avec des ornemens tout-à-fait baroques : rien ne ressemble plus à la manière du monument de Mornas. Cette pierre étoit à côté d'un canal antique, qui servoit à la conduite des eaux ; elle est dans la cave d'un particulier, rue de la Bancasse. Dans la partie supérieure, il y a quatre oiseaux, dont deux sont sûrement des perroquets ; M. Mignard qui les a vus avec moi, a été de ce sentiment : il est vrai, que d'autres disent que non. Cet oiseau ne devoit pas être aussi rare qu'on le croit, avant la découverte du nouveau monde : je ne sache pas qu'il y ait d'autres monumens antiques, où il soit représenté. Si vous le souhaitez, je pourrai vous fournir un dessin exact de ce bas-relief.

A côté de ce bas-relief, on trouva une mosaïque, dont la superficie n'est pas plane, elle est un peu convexe, et forme à peu près une courbe; les petites pierres sont blanches et noires, elles sont disposées par quarrés et triangles.

On vient de m'envoyer de Nîmes quelques guenilles antiques, dont je dois vous donner l'idée: tout cela a été trouvé dans la terre, dans un espace de deux pieds en quarré. Cette circonstance m'a engagé à ne rien omettre dans la représentation. Le vase à queue est double, ils sont tous les deux exactement semblables. Le cippe est sans inscription; la figure en bas-relief, qui y est représentée, est dessinée à faire peur; l'instrument qu'elle tient à la main, ressemble parfaitement à celui dont nos paysans se servent pour briser les mottes. La tête du marbre blanc, qui porte un bandeau, est d'une grande manière et d'un très-beau caractère; elle a servi à tenir un robinet de fontaine. Le morceau de flûte, est ce qui m'a paru le plus singulier; l'extérieur est extrêmement poli, et quoique d'os, elle ressemble tout-à-fait à de l'ivoire : mais ce qui m'a étonné, c'est que l'intérieur est brut; la cavité n'a point été travaillée, c'est la cavité même de l'os, avec sa crête et ses inégalités; cela ne pouvoit rendre qu'un fort vilain son; les autres pièces ne méritent pas qu'on s'y arrête. Je ne vous donne même une idée de ces misérables morceaux, que parce que vous m'avez permis de vous parler de tout ce que je trouvois en fait d'antiquités.

Avant que de finir, je dois vous avertir que les corniches du monument de Mornas, ont beaucoup de saillie, de même que leurs consoles. Cette saillie, qui n'est guère sensible dans le dessin, pourra s'exprimer mieux dans la gravure.

J'ai l'honneur d'être, etc.

CALVET.

LETTRE XXXI.

DU MÊME.

Avignon, ce 21 Octobre 1763.

Monsieur,

Nous devons aujourd'hui voyager ensemble dans l'ancien Vaison ; nous en sommes convenus, mais avant que de nous mettre en marche, il faut que je vous entretienne sur quelques articles de votre dernière lettre, du 7 octobre.

D'abord je vous demande pardon d'avoir passé huit jours sans y répondre : les affaires de la saison ont beaucoup contribué à ce retardement.

Ce sont ces mêmes embarras qui m'ont fait manquer M. Vatelet. Il passa ici dimanche au soir, 16 octobre ; j'avois été le matin à la campagne, comptant de n'y rester que vingt-quatre heures ; l'ordre étoit donné de m'envoyer un exprès, on le fit ; mais cet exprès vint tard, il pleuvoit et il falloit passer le Rhône. Je n'ai donc vu ni M. Vatelet, ni votre lettre : cela m'a d'autant plus fâché que je l'aurois peut-être engagé de passer par St.-Remy, et qu'il nous auroit dessiné nos bas-reliefs. J'avois bien ce projet; la beauté de ce monument auroit même pu l'engager à lui donner quelques vers dans son élégant poëme.

Ne craignez pas que j'oublie nos dessins; je suis bouillant pour cet objet. M. de Calvière n'est pas ici, il doit retourner après la Toussaint : peut-être qu'alors ce fripon d'Ayme les lui montrera. En tout cas Franque ne pourroit-il pas agir? il est insinuant, et il n'y a plus les mêmes difficultés qui existoient du vivant de M. Thibaut par rapport à lui. Je dois pourtant vous dire que je suis comme sûr que les dessins des bas-reliefs de St.-Remy ne sont pas dans ce recueil; vous savez d'ailleurs que je ne suis assuré que d'un seul original, qui est une des grandes faces des arènes de Nîmes: les autres m'ont paru des copies de ceux que vous possédez.

J'aurois voulu que ces méchans dessins de l'Ecluse eussent pu vous servir, ils auroient été bien entre vos mains. Je ne sais quand je pourrai les mettre en œuvre, je ne suis pas paresseux, mais je n'ai pas du temps. Je me sens porté invinciblement du côté des lettres, et ma situation exige d'autres soins.

J'ai écrit à St.-Remy depuis quelques jours pour avoir le fragment de vase ; je suis assuré qu'on me l'enverra. Il est un peu pesant, il vaudra mieux je crois vous l'adresser par M. Adine que par M. de la Reyniere : je verrai.

J'aime à vous dire tout ; je vais vous faire part de mes rêveries au sujet de cette inscription,

DURONCTE
TERSOADCAL

je crois que c'est un collyre pour les chevaux ; ces mots sont mêlés de grec et de latin, comme nos charlatans d'aujourd'hui mêlent l'italien au français. Les moyens de tromper ont été les mêmes dans tous les siècles. *Omnia novd græculus esuriens.* Voici comment j'expliquerois ces lettres : DVRON CTEνιατροῦ TERSOV AD CALiginem. (*collyrium*) *durum medici equorum siccans ad caliginem.* DVRON pour *durum.* On voit dans les inscriptions de ce genre, et même dans d'autres, des exemples de mots latins ainsi grécisés : *durum* est par opposition au *collyrium molle*, dont il est fait mention. κτνιατροι ou κτνιατροι *veterinarii, medici equorum jumentorum*, maréchaux :

ce mot est connu en ce sens chez les Grecs: τιφουν ou τι;σεμινον, *siccans, ad caliginem.*

C'est un remède de l'espèce de ceux dont parle Columelle *De re rusticâ, lib. VI, cap.* 33. Le vase est grand, grossier, sans vernis, d'une épaisseur considérable ; tout cela contribue à faire soupçonner qu'il ne contenoit pas un remède pour les hommes, d'ailleurs la partie inférieure du territoire de *Glanum* est très-abondante en pâturages ; il devoit y avoir beaucoup de chevaux. La jonction des lettres ne peut faire aucune difficulté, ADCAL, sont sans intervalles, cependant il ne me paroît pas douteux que ces lettres ne signifient *ad caliginem.* L'impression que vous fera la vue de ce pot sera sûrement en faveur de ces idées. Je ne vous rapporte pas beaucoup d'autres réflexions que je pourrois bien joindre à celles-ci ; je ne veux pas disserter : en vérité j'aurois bonne grâce !... Je n'ai pas trouvé des exemples d'une inscription semblable, du moins à l'égard des chevaux, et par cette raison je suis ravi de vous en faire part.

Je serai bien content si mon Hanniballien est accepté. M. l'abbé Barthélemy sera le maître du troc, il ne convient pas même que je sois consulté là-dessus ; disposez-en vous-même, tout sera bien. Vous me ferez plaisir de l'engager à le garder.

Je n'ai fait aucune observation qui mérite bien positivement d'être communiquée à M. de Jussieu. Un de mes amis qui est allé à Hières, s'est chargé à ma sollicitation de chercher encore la *jacca styracis folio*, il ne l'a pas trouvée, mais le médecin d'Hières, qui est un peu botaniste, lui a promis de la faire chercher dans les îles.

Passons à Vaison. On y aborde par un chemin, entre deux collines qui dominent l'ancienne ville : l'une s'appelle *Mars* et l'autre *Teu* ou *Teou* ; ces noms indiquent visiblement les divinités qui y étoient adorées, il est étonnant qu'ils se soient conservés dans leur pureté. Je ne doute pas que sur la première il n'y eut un autel consacré à Mars, et sur l'autre un autel consacré à Teutatès, il ne reste cependant aujourd'hui aucun vestige d'antiquités sur ces montagnes. C'étoient peut-être seulement des bois sacrés.

Dans le nouveau Vaison il n'y a rien d'antique, si ce n'est des monumens qui y ont été transportés. C'est ainsi qu'on voit chez M. Raoux, prévôt de la cathédrale, un torse de marbre d'une femme avec une draperie ; c'est un morceau grec, il n'est pas inférieur aux plus beaux morceaux d'antiquités. A la porte de la ville il y a le chapiteau dont je vous envoyai le dessin il y a long-temps ; on en voit un autre aux Dominicains, différent pour les ornemens et pour la grosseur. Ces chapiteaux ne sont pas gothiques ; je les trouve de très-bon goût, je suis même fortement persuadé que le dernier faisoit partie d'un temple de Livie, dont j'ai découvert le commencement de l'inscription DIVAE AVG PROP. J'ai une autre inscription d'une prêtresse de ce temple ; celle-ci est entière. Malgré mes recherches je n'ai pu découvrir où étoit placé cet édifice. La forme des lettres de ces inscriptions indique le plus beau siècle. Je trouvai à l'évêché plusieurs autres inscriptions que je pris avec grand plaisir.

L'évêque qui est adoré dans ce pays, me montra aussi quelques petits monumens qu'il a et qui n'ont aucun mérite. C'est un petit amour, une lampe de terre, une tête de marbre, et autres bagatelles de cette espèce. Rien n'est si rare que de découvrir dans ce pays-là quelques morceaux de bronze ; je je n'en ai pas apporté une seule médaille. Il y a sur une terrasse de l'évêché une pierre qui mérite quelqu'attention, elle ne m'a pas paru une pierre sépulcrale; je ne sais à quoi elle étoit destinée. On voit sur ce bas-relief un vase au milieu, à côté sont des figures nues qui ont un genou en terre et les mains sur la tête, puis viennent d'autres figures, et tout se termine par des dragons ailés qui ont des têtes d'hippopotame. Je me préparois à vous le dessiner lorsque la pluie vint. Ces figures avec les mains sur la tête sont fréquentes sur les monumens de Vaison, elles sont placées ordinairement devant un homme qui joue de deux flûtes, l'une droite, l'autre courbe : c'est sûrement une danse. D. Martin nous diroit que c'est la cordace. Je vis au doigt d'une dame une cornaline rouge qui avoit été trouvée depuis six mois ; c'est une lutte de deux amours.

Je quitte volontiers la nouvelle ville, pour passer à l'ancienne; c'est un terrain inégal de plus d'une lieue de circonférence, qui porte partout des vestiges d'une grande et superbe ville : les alisiers y sont fréquens plus que partout ailleurs. On sait que cet arbre se plaît dans les décombres. On voit d'abord sur l'Oüese un pont antique d'une seule arche :

les deux rochers qui lui servent d'appui ont été taillés au ciseau en plusieurs endroits. Ce pont est simple, et passe pour être d'une architecture grecque; il est de la plus grande solidité. Les rochers de ces quartiers-là ont leurs couches exactement perpendiculaires: cette observation d'histoire naturelle me fit plaisir, et donna lieu à plusieurs réflexions. Ces couches sont horizontales dans la plupart des autres rochers. On est à peine sorti du pont, qu'on trouve de tous côtés des débris antiques. Ce quartier s'appelle en provençal *la villasse*, ce qui se traduiroit en français par *la grande ville*. A St.-Quenin, chapelle rurale, on voit les restes conservés d'un temple antique; il ne m'a pas paru plus ancien que Constantin. C'est le derrière de la chapelle.

Au quartier de Pemin ou Paymin, paroissent les restes d'un beau théâtre dont il subsiste deux arceaux. L'historien de Vaison dit que c'est un amphithéâtre; j'assure qu'il se trompe; je l'ai examiné avec attention, quoique les pierres des siéges en aient été enlevées: cependant on voit parfaitement sa forme; le rocher sur lequel il est posé est percé d'outre en outre de main d'homme.

J'entrai dans ce conduit ; il servoit de débouché au théâtre ; ce lieu est aujourd'hui couvert de grands chênes. Ce théâtre, même tel qu'il est, mériteroit bien d'être publié et dessiné par un homme intelligent. Il étoit de la forme de celui d'Orange, mais plus étendu.

Plus loin, au quartier des Cordeliers, on voit les fondemens d'un édifice qui m'a paru être un camp romain. C'est un tertre élevé dont les terres sont soutenues par de fortes murailles, au-dessus est une plaine assez étendue ; ce lieu dominoit la ville des Voconces.

Toute cette campagne représente véritablement *campos ubi Troja fuit*. Toutes les terres sont remplies de grandes pierres, de fragmens de marbre, de briques antiques, etc. Ces débris se présentent d'abord, pour peu qu'on creuse.

Les antiquités dont je viens de vous parler, n'ont rien de comparable à ce qui se trouve à Marandi, grange fortifiée appartenant à M. de Piégon : tout y est rempli de morceaux antiques, qui donnent l'idée du plus bel édifice ; d'abord on est frappé de deux bas-reliefs qui se présentent les premiers ; ils sont sur le pavillon gauche de l'édifice, l'un au levant marqué, l'autre au midi. La bordure de ces reliefs est un assemblage d'antique et de moderne ; cela a été réuni avec beaucoup de goût : on y a mis tout ce que l'architecture offroit de plus riche et de plus précieux. Ces deux morceaux de sculpture sont de la plus parfaite conservation. L'un porte un sacrifice Gaulois, l'autre est un triomphe tout-à-fait singulier ; les deux mulets qu'on prendroit volontiers pour des ânes, ont de grands panaches ; la manière dont ils sont attachés au char, se voit parfaitement ; on y trouve des négligences ; l'une des roues à huit rayons, l'autre neuf. D'ailleurs l'ouvrage est très-bon, il est d'un siècle éclairé.

Les deux petits reliefs d'en haut, qui représentent une course du cirque, n'ont rien de commun avec le triomphe ; ce sont des pièces rapportées quoiqu'antiques ; l'intention des trois cochers ne sauroit être meilleure. Au-dessus de la corniche, est un buste antique qui a une couronne singulière ; en haut et au-dessus du fronton, est une figure debout, qui tient un arc et une flèche ; la tête manque. On voit encore sur la porte de cette grange, une Salamandre dans les flammes ; ce troisième relief est aussi grand que les autres, ils ont deux ou trois pieds de haut, sur trois ou quatre de large, sans compter la bordure. Les pieds du taureau et des mulets sont d'une proportion extrêmement forte: mes dessins pourront seulement vous donner une idée de ces antiquités; si vous les vouliez graver, il faudroit nécessairement quelque chose de plus exact. Sur le devant de la grange, sont plusieurs pierres, portant trois têtes de vieillard: on peut former quelque doute sur leur antiquité, quoique tout le monde les décide antiques.

On y voit encore le buste d'un roi bien antique, et une grande patère dans une couronne de laurier; sur la muraille derrière la grange, il y a deux têtes antiques. On voit sur la porte de la tour du milieu, une petite tête de marbre blanc, enchâssée dans une pierre ordinaire. A côté de la grange, se voit un grand fragment de colonne de marbre tirant sur le vert, qui n'est point, cependant vert antique ; il y en a un autre fragment enterré à la partie qui regarde le midi. Ce bâtiment fut fait, dit-on, il y a deux cents ans : le propriétaire trouva tout cela dans les fondemens et s'en servit fort à propos. Il y a des frises très-singulières, l'une porte quatre travaux d'Hercule, le lion de Némée, le géant étouffé, le combat de l'hydre, l'enlèvement de bœufs de Gérion: Hercule les tire par la queue; les autres frises représentent des bacchanales. On y voit entre autres figures, Silène sur un chameau, deux hommes qui enlèvent une femme, et une Bacchante qui s'y oppose, une harpie avec des ailes et des pieds d'oiseau, et une draperie qui la couvre, un homme qui danse comme plus haut, etc. Je n'eus pas le temps de vous faire un dessin de ces reliefs, les figures ont plus d'un pied de haut: voilà, Monsieur, tout ce que je vous dirai sur Vaison; si les inscriptions que j'en ai apportées vous faisoient plaisir, bientôt vous les recevriez toutes. Je ne puis pas assez m'étonner que les beaux bas-reliefs, dont je vous envoye un chiffon de dessin, fait sur les lieux et mal à mon aise, ayent été jusqu'à présent oubliés, je leur trouve des singularités uniques.

Nous avons M. Ménard, depuis quelque temps; on lui a fait accueil ici; nous avons mangé ensemble chez M. de Cambis et chez M. de Pérussis: pour moi, sur ce que vous m'avez dit, je suis très-réservé avec lui, et de plus, j'aime à être modeste; je m'en tiens là:

*Di bene fecerunt inopis me quodque pusilli
Finxerunt animi, rarò et perpauca loquentis.*

Il a dit de moi beaucoup de bonnes choses: dans tout cela, je reconnois toujours les bontés de M. le comte de Caylus.

Un religieux, sachant que vous me faites l'honneur de m'écrire, vint l'autre jour me demander une recommandation auprès de vous; ces sortes de lettres ne se refusent pas; je la lui donnai donc et même ouverte; lorsqu'il s'agira de quelqu'un qui me sera véritablement cher, je prendrai la liberté de vous le recommander par la poste.

Plusieurs amis me sollicitent de vous demander dans quel temps paroîtra votre sixième volume ? Excusez cette importunité, je ne puis me refuser à leur empressement.

Voilà mes voyages finis, pour cette année; je touche à la rentrée des écoles; je n'ai pu aller à Carpentras; je vois que cette contrée a été chérie des Romains, et que c'est un pays qui n'est point défriché. Si mes revenus, ou ma profession, me permettoient de plus longs voyages, je crois que je ferois quelques découvertes. L'année prochaine, je ferai un autre tour, j'ai encore à voir Apt, St.-Paul, Cavaillon, Vénasque, Mazan, Orange, Carpentras, les Baux, un temple antique, qui existe, dit-on, près de Séguret: tout cela me donnera bien des choses à vous envoyer, c'est là mon plus grand plaisir.

Si vous vouliez des dessins plus finis de ces bas-reliefs de Vaison, un abbé qui y est, pourroit me les faire; cependant il dessine presque aussi mal que moi, et de plus il n'entend rien aux antiquités; ce sont autant de raisons pour ne pas s'y fier, à moins que cela ne se fît sous mes yeux.

Je suis, etc.

CALVET.

LETTRE XXXII,

DU MÊME.

Avignon, ce 19 décembre 1763.

Monsieur,

J'attendois une réponse aux dernières lettres que j'ai eu l'honneur de vous écrire; cela m'a fait différer de répondre moi-même à votre lettre du 16 octobre. Cependant j'écris aujourd'hui pour n'avoir plus à me reprocher ce retardement.

Je suis charmé que le plus grand des trois morceaux de terre vous ait plu; si, pour déterminer plus précisément la forme du vase, vous vouliez le fragment qui me reste, qui se joint à celui que vous avez, je le ferois partir sans délai. C'est celui dont j'ai coupé le morceau que vous avez reçu dans une lettre. Quoiqu'il y ait sûrement CHELIDO, au lieu du TERSO que je lisois, il me semble que cela n'affoiblit point l'explication de DVRONCTE. Les chevaux sont très-sujets à la cataracte: cette maladie est précédée, chez eux, d'une obscurité de vue, *caligo;* or, les anciens pensoient avec raison que la chélidoine étoit propre à rendre la vue claire.

Les deux autres morceaux de la fabrique de Nîmes me seroient absolument inutiles; je n'en ramasse point. Je vous prie de ne pas me les renvoyer; il n'ont aucune sorte de mérite.

J'insère dans cette lettre quelques observations sur la note des dessins de Mignard que vous m'avez envoyés; je n'avois pas perdu de vue celle que j'avois reçue, du vivant de Thibaut. Je ne cesse point de vous répéter qu'il est incertain que les dessins qui vous manquent soient dans la collection d'Ayme. Ce qu'il y a de cruel encore, c'est que, par la nature des circonstances, je me trouve dans l'impossibilité de m'en éclaircir. L'esprit de friponnerie est la peste du monde. Outre ce qui vous manque dans les numéros que vous avez, il me semble que, pour rendre l'ouvrage complet, il vous faudroit l'arc de triomphe de Cavaillon qu'on voit dans les caves de l'évêché, les arènes d'Arles, les restes d'un temple d'Arles, qu'on dit être le temple de Bacchus, deux colonnes de brèche violette, qui existent aussi à Arles en leur place, et qui faisoient partie du théâtre, et quelques autres morceaux. Je ne parle point du cirque d'Orange, ou, pour mieux dire, du théâtre; peut-être que cela a été dessiné par Mignard.

J'ai grand plaisir d'apprendre que M. l'abbé Barthélemy ait accepté l'Hanniballien pour le cabinet du roi. Disposez, je vous prie, comme il vous plaira de l'échange. Pourrois-je mettre mes intérêts entre meilleures mains? Ma suite n'est qu'en bronze. Je n'ai pas plus d'un millier de médailles, mais elles sont toutes d'une belle conservation, et hors de tout soupçon du côté de l'antiquité. Je ne puis vous dire quelle est ma sévérité pour ce dernier article. Les têtes qui me manquent, sont : Tibère, Vitellius, les femmes de Trajan, Manlia Scantilla, Julia Parla, Aquilia Severa, les deux Gordiens d'Afrique, Valerianus Senior, à plus forte raison celles qui sont d'une plus grande rareté. J'ai trois ou quatre Auguste que je ne trouve pas assez conservés. J'ai souvent souhaité un bel Auguste et un beau Tibère; puis, dans mes châteaux en Espagne, j'ambitionnois le Vitellius : j'allois ensuite plus loin; enfin, revenu à moi, je voyois qu'il étoit mieux de ne rien désirer.

Mon étudiant de Fréjus est revenu à la

rentrée des écoles; il ne m'a rien apporté, et m'a assuré qu'on ne trouvoit plus rien dans ce pays. Son attachement pour moi me persuade qu'il ne m'a pas trompé.

On me parloit hier d'une truelle antique trouvée dans le comtat Venaissin : celui qui me dit cela est un homme sans lumières, et très-bavard; j'ai donc lieu de douter de la vérité du fait; on doit m'apporter cet instrument s'il existe. Supposez qu'on ne m'ait point trompé (et je parierois qu'on l'a fait). J'emballe tout de suite ma truelle, et je vous l'envoie; permettez-moi cette vivacité.

Je suis en peine de votre état par rapport à la goutte; dites-m'en un mot, s'il vous plaît.

J'ai l'honneur d'être, etc.

CALVET.

LETTRE XXIII.

DU MÊME.

Avignon, ce 10 Février 1764.

MONSIEUR,

Si jamais je vous ai écrit avec plaisir, avec joie, c'est assurément dans cette circonstance; je souhaitois avec passion de vous procurer les dessins d'antiquité qui se trouvoient chez Thibaut. J'ai la satisfaction sensible de vous annoncer aujourd'hui leur départ. M. de Calvière me les a remis pour les emballer et vous les envoyer; c'est lui qui a tout fait. Je ne puis vous dire combien il s'est empressé de vous être utile; je lui ai à cet égard de grandes obligations. Je ferai partir ces dessins par le courrier qui suivra immédiatement celui-ci; c'est-à-dire, que vous les recevrez deux jours après cette lettre. Ils sont dans une boîte de fer-blanc d'environ deux pieds de long; j'ai enveloppé le tout d'une toile cirée brun-rouge; l'adresse est à M. de la Reynière.

Je vous donne tous ces signes, afin que vous puissiez le prévenir, et que ce paquet vous soit rendu sans être ouvert. M. de Calvière me dit qu'il vous écriroit; il l'a fait sans doute. Il a dû vous marquer qu'il n'y avoit plus rien chez Thibaut qui pût vous convenir. Quoique les dessins que vous recevrez ne complètent pas entièrement vos suites, il est cependant très-sûr que nous ne trouverons plus rien. M. de Calvière a eu la précaution de les faire choisir par M. Sauvan; ce qui reste n'est qu'un tas de copies médiocres des beaux originaux que vous possédez. Je dois vous avertir que, pour engager encore plus M. de Calvière à vous procurer ces dessins, j'ai cru devoir lui montrer celles de vos gravures que vous m'aviez envoyées; il est vrai que vous ne m'en aviez pas donné la permission, mais cela m'a paru nécessaire dans la conjoncture. Lorsque vous me répondrez sur cet article-ci, vous m'obligerez de faire une lettre que je puisse montrer toute entière à M. de Calvière. Je vous prie surtout de vous souvenir que c'est à lui, et à lui seul que vous devez ces dessins. Dans cette affaire, je n'ai absolument servi qu'à les lui indiquer.

Puisque nous sommes sur cette matière, je ne sais si vous connoissez un bas-relief qu'on voit à la face méridionale des arènes de Nîmes; il est placé au-dessous du dix-neuvième pilier des arceaux du rez-de-chaussée à droite, en regardant le grand portail aux Bœufs. Les auteurs n'ont décrit que les gladiateurs et la louve; les priapes, retenus par une figure, sont sur le même plan que la louve, avec Remus et Romulus. Cette louve est sur le dixième pilier, à gauche de la porte aux Bœufs, et au-dessous du chapiteau. Au neuvième pilier du même côté, c'est-à-dire tout contre, on voit encore un reste de bas-relief où il paroît un oiseau, et quelqu'autre figure entièrement mutilée par le temps. Le groupe obscène a, dans sa totalité, un peu moins de deux pieds de large, sur un peu plus d'un pied de haut.

Je réponds maintenant à votre lettre du premier février.

Je vous remercie du jeton que vous avez eu la bonté de m'envoyer; il m'a fait grand plaisir. J'ai toujours quelque nouvelle marque de vos attentions et de vos bontés. Le sixième volume que vous m'annoncez m'intéresse, on ne peut davantage; je vous ai beaucoup d'obligation de me le destiner, et de songer à me le faire parvenir bientôt.

Vous ne me dites rien de l'Hanniballien : si M. l'abbé Barthélemy l'a placé dans sa propre suite, je m'estime heureux d'avoir eu quelque chose à lui présenter ; mais s'il est pour le roi, il seroit hors de convenance qu'un atome comme moi voulût faire un présent à son souverain ; ainsi, dans ce cas, j'accepterai sans peine ce qu'on voudra me donner en échange.

Je n'ai rien qui ait été trouvé à St.-Remy, si ce n'est une bagatelle dont vous avez le dessin sur une de mes lettres. Je vous l'envoie tout de suite, et vous prie de l'accepter. La figure, le fragment de vase, et ce morceau, contribueront à remplir une planche. Si vous vouliez les petites figures d'ivoire que vous avez vues, je les emprunterois de nouveau, et je crois qu'on ne me les refuseroit pas. J'avois, il y a quelque temps, une sonde de bronze, trouvée encore à St.-Remy ; elle ressemble parfaitement à un instrument que vous avez fait graver ; je l'ai donnée à M. de Molin d'Arles, qui sûrement me la prêteroit si je le voulois. Le bas-relief de sa légion fulminante, dont le dessin vous a été envoyé, est aussi de ce genre. C'est là tout ce que je connois de ce pays : j'y ai plusieurs amis, et je suis sûr que si l'on découvroit quelque chose, ils me l'écriroient sur-le-champ. Il y a, à la vérité, chez un chanoine, deux très-petites figures panthées de bronze; mais elles n'ont pas été trouvées à St.-Remy.

A l'égard des autels votifs, j'en ai deux dont je vous ai parlé en différens temps. Ils ont, l'un et l'autre, à peu près huit pouces de haut. Le premier a été trouvé à Avignon; c'est le seul monument antique de cette ville qui porte une inscription. Le second a été déterré à Nîmes; il est sans inscription; mais il a sur le devant une figure de paysan qui porte à la main l'instrument de campagne propre à briser les mottes. Ces petits cippes sont entièrement à vos ordres; il ne peuvent guère s'accorder avec les monumens de St.-Remy; cependant ils partiront si vous le voulez; ils n'attendent que vos ordres.

S'il est possible de vous faire quelque acquisition en figures antiques, ou autres choses, je n'en perdrai pas sûrement l'occasion. On m'avoit parlé d'une centaine de pièces de différente espèce; comme je veux faire partir cette lettre aujourd'hui, je n'ai pas le temps de rien savoir; mais je vous dirai ce que c'est, la première fois que j'aurai l'honneur de vous écrire. Ne craignez point, Monsieur, de me donner des commissions, et comptez que je ne trouverai jamais rien de difficile pour vous obliger.

Je suis, etc.

CALVET.

LETTRE XXXIV.

DU MÊME.

Avignon, ce 16 Février 1764.

Monsieur,

Je vous accable de lettres, mais vous me le pardonnez sûrement en faveur du motif qui me conduit. Vous voulez acheter un petit cabinet d'antiquités; il y en a un seul ici, et précisément le propriétaire s'est déterminé à le vendre à un prix honnête, je n'ai pas voulu différer de vous en parler. Ce petit recueil vient primordialement de M. de Caumont; il fut acheté il y a quatre ou cinq ans; depuis il a été beaucoup augmenté. On vient de m'en remettre le catalogue, dressé sur le plan que j'en avois donné; j'y ai ajouté de petites notes. L'Egyptien est très-joli; le Romain est intéressant par les détails: l'arrangement de cette décoration est capable de séduire. On veut du tout huit louis et un exemplaire de votre 6e. vol.: c'est, m'a-t-on dit, le dernier mot. Le P. Montfaucon qui étoit lié avec

M. de Caumont, en a gravé un ou deux morceaux qui ont besoin de réforme.

Je crois que ce petit recueil vous amusera, et que vous pourrez faire usage de plusieurs morceaux. Le catalogue est exact, je l'ai vérifié. Si ces monumens vous conviennent, je vous prie de me donner vos avis sur la manière de les emballer. Lorsqu'il faudra faire emballer la belle urne, n°. 56, j'ai peur que la fièvre ne me prenne. J'ai promis au propriétaire de lui rendre raison bientôt; vous m'obligerez de ne pas différer votre réponse. Il n'a pas voulu être nommé; cela d'ailleurs ne fait rien à l'affaire; mais les mystères ne sont guère de mon goût.

Les dessins d'antiquité de M. de Calvière doivent vous parvenir aujourd'hui. Je ne suis pas surpris que ces dessins, et tant d'autres de la maison des Mignard soient incomplets, la veuve du dernier Mignard, peintre, détruisoit ou dissipoit tout. On me disoit hier qu'on lui avoit vu faire allumer du feu à ses domestiques avec de très-beaux dessins, dans ce même temps on vendoit deux ou trois sous les belles estampes du prince d'Harcourt et de Brisacier, gravées par Masson.

J'ai appris un de ces jours que le commandeur de Gailhard de Montélimart venoit de faire dessiner avec soin et précision les grands monumeus d'Arles, je ne sais quel est le dessinateur qui a été chargé de cette opération : il n'est pas d'ici, d'ailleurs le fait mérite confirmation.

Je suis, etc.

CALVET.

LETTRE XXXV.

DU MÊME.

Avignon, ce 15 Juin 1764.

Monsieur,

J'aime à vous entretenir de mes petites découvertes, vous avez la complaisance de vous y intéresser; je ne crains pas même de vous faire part des idées qu'elles me font naître: vous les approuvez quelquefois et vous les excusez toujours. Il est heureux de se trouver dans l'alternative du suffrage ou de l'indulgence.

Des affaires de ma profession m'ont appelé ces jours-ci à Laudun : c'est un petit village de Languedoc, à trois lieues d'Avignon, bâti en amphithéâtre, sur une petite colline dominée par une haute montagne. Après avoir rempli mon objet, je demandai, selon ma coutume, s'il n'y avoit rien d'antique dans le pays; je m'adressai, heureusement, à un homme intelligent, il me conduisit lui-même à différens endroits, où je trouvai les inscriptions que je vais vous communiquer.

La première est dans l'ancienne église, il y en a trois sur la même ligne au-dessous de la pierre de l'autel ; celle-ci qui est au milieu est en très-beaux caractères et parfaitement lisible, les autres ne peuvent se déchiffrer, elles sont toutes sans ornement.

D . M
VAL. SEVERILLÆ
M. VAL. SEVERUS
FIL. PIISSIMAE
ANNOR. XXI.

On en voit une seconde dans le village, enchâssée au milieu du piédestal d'une croix ; la pierre est enrichie d'un feuillage d'excellent goût, qui, joint à la beauté des lettres, donne l'idée du siècle d'Auguste.

TITVLLA
SENECIONIS. F
VIVA SIBI

Une troisième se trouve dans une rue et sert de borne à la porte d'une maison ; les caractères en sont plus petits, mais bons, et la pierre est ornée.

D   M
FELICULAE
VALERIVS FE
LICIO MATRI
ET ANCILLAE POS (sic)

Ces trois inscriptions ne paroissent d'abord intéressantes que par leur simplicité; cependant, la réflexion y fait trouver un autre genre de mérite : elles semblent nous indiquer la source d'un usage qui a dû se conserver sans interruption, dans ces pays. On sait qu'à Nîmes, et dans toute la partie du Languedoc, qui environne cette ville, les noms qu'on donne aux filles ne sont, pour l'ordinaire, que des diminutifs : cette pratique est assez constante, le génie doux et facile de la langue s'en accommode parfaitement. Nous avons ici trois noms de ce genre, *Severilla, Titulla, Feucula;* cette uniformité, dans ces trois seules inscriptions, où des femmes sont nommées, ne peut-elle pas nous porter à croire que les anciens habitans du pays avoient les mêmes inclinations à cet égard ?

Je trouvai une quatrième pierre dans la maison de M. Crotat, chevalier de St.-Louis: elle n'a point d'autre ornement que ses moulures, et paroît avoir été la base d'une statue : les lettres en sont de la plus belle forme, elles pourroient servir de modèle à nos inscriptions d'aujourd'hui.

IIIIII VIR AUG
C. VIREDIO
SEVERO

Cette inscription est simple, elle n'a rien de singulier, si ce n'est peut-être, que la qualité de la personne précède le nom propre. D'ailleurs, les Sévirs Augustaux sont connus ; et l'on ne peut assurer, d'après cette seule pierre, qu'il y en eût une compagnie à Laudun.

Ces quatre inscriptions qui sont certainement du bon siècle, suffisent sans doute pour établir que Laudun a été de quelque considération chez les Romains. Ce lieu étoit des Volces Arécomiques, et l'on pourroit soupçonner, malgré le silence des géographes, que c'étoit une des vingt-quatre petites villes que Nîmes, selon (1) Strabon et Pline, avoit sous sa juridiction et qui jouissoient du droit du pays Latin.

Ces pierres sont les seuls monumens antiques, que j'aye découvert dans Laudun même,

(1) Strab. lib. 4. Plin. lib. 3, cap. 4.

mais je ne m'en tins pas là : mon guide m'avertit que sur la montagne, qui domine ce village, appelée la montagne de Saint-Jean, on voyoit les restes d'un ancien édifice, dans lequel étoit une inscription qui contenoit, me dit-il, des mots extraordinaires.

Je vous avoue, Monsieur, que malgré d'aussi belles espérances, j'eus d'abord quelque peine à me déterminer à cette escalade; le soleil étoit brûlant, et il falloit grimper pendant trois quarts-d'heure. Ces considérations affectent un médecin; cependant l'amour de l'antiquité l'emporta; je pris un homme, et après bien des fatigues, je parvins au sommet de la montagne.

Rien n'est plus beau que l'immense paysage qu'on découvre de cette élévation : les angles de la montagne, les couches des rochers, la nature des pierres, une mine de charbon fossile, qu'on trouve chemin faisant, tout cela donna lieu à quelque observation d'histoire naturelle que je ne pus me refuser, mais auxquelles je n'accordai que peu de momens, pour ne m'occuper que de l'antiquité.

La plate-forme que l'on trouve au sommet de la montagne, présente beaucoup de débris antiques; on y voit des grands tas de pierres, d'anciens fondemens de murailles et des fragmens de terre cuite en grand nombre et de plusieurs formes. Le paysan de Laudun est persuadé qu'il y a (1) une chèvre d'or, enfouie au milieu de ces décombres : ce préjugé a pris même dans l'esprit de quelques habitans moins grossiers. Il n'y a pas long-temps que des gens qu'on auroit cru sages, entreprirent, avec beaucoup de dépense, d'y faire fouiller.

A deux ou trois cents pas du bord du rocher, en tirant vers le Nord, je trouvai l'ancien bâtiment, qui étoit l'objet de mes peines et qui sembloit devoir m'en dédommager : il est presque entièrement rasé, les décombres remplissent, en plusieurs endroits, l'intérieur de ce qui reste de l'édifice, et ils n'en laissent apercevoir que la forme. A la première vue, on le prendroit pour un petit temple antique, de l'espèce de ceux qu'on appeloit *Sacella* ou *Ædiculæ* : ce fut aussi l'impression que j'en reçus d'abord, et dans cette idée, je pris la peine d'en lever le plan. Cependant après un

(1) Cette croyance de *la chèvre d'or*, car c'est ainsi qu'on l'appelle simplement, est répandue dans tout le voisinage.

examen plus tranquille, je jugeai que ce pourroit être plutôt une très-ancienne chapelle de chrétiens, bâtie à la vérité de débris antiques. Je me sais quelque gré de n'avoir pas été la dupe de mon imagination; l'antiquaire et le physicien doivent également se défier des sensations qui favorisent leurs espérances.

Au fond de l'édifice on trouve une pierre taillée dans toutes ses faces, mais sans aucune espèce d'ornement; elle a trois pieds de haut, un pied quatre pouces de large, et treize pouces d'épaisseur. Cette pierre, quoique dérangée de sa place, porte encore des marques qu'elle étoit enfoncée dans la terre, et placée debout; il y a sur la face supérieure un trou quarré, dont le côté est de trois pouces et demi, et la profondeur de six pouces; ce trou est creusé dans un autre plus grand et fort peu profond.

C'est sur cette pierre que je vis l'inscription singulière qu'on m'avoit annoncée. Cette inscription n'y occupe qu'un espace de sept à huit pouces; les caractères en sont maigres, mais très-lisibles; je la copiai avec la plus grande attention, les lettres sont espacées comme je le marque, et il n'y a que les points que j'ai exprimés.

OM
M. DATTOVIR
L. CIRRATVS VS
LM

Je ne le cache point, Monsieur, j'ai étudié long-temps cette inscription, j'ai cherché, réfléchi, comparé, et malgré mes soins je n'ai rien trouvé qui pût me fournir une explication satisfaisante ; c'est une énigme capable d'exercer un Œdipe, quand même il auroit vos yeux ou ceux de M. l'abbé Barthélemy.

Il n'est pas douteux que cette pierre ne soit un autel votif; sa position, le trou de la partie supérieure, et plus que tout le reste, les dernières lettres de son inscription en donnent des preuves démonstratives. Tout annonce que dans les mots qui forment le commencement de cette inscription il est fait mention d'une ou de plusieurs divinités, et le problème consiste à trouver, d'après ce que nous connoissons, quelle étoit la divinité dont cet autel nous a conservé la mémoire.

Il y a deux manières d'envisager cette inscription ; elles ont l'une et l'autre leurs difficultés, et nous laissent à peu près dans une égale incertitude.

La première, celle qui se présente d'abord, consiste à regarder M. DATTOVIR (1) comme un nom propre ; en ce cas on rend aisément les trois dernières lignes par MARCUS DATTOVIR. LUCIUS CIRRATUS *votum solverunt libentes merito*. Le mot DATTOVIR quoiqu'absolument inconnu, ne peut faire naître aucun scrupule, on sent assez que c'est un nom gaulois, et à en juger par les autres noms propres qui nous sont connus, il n'est point éloigné de l'ancien caractère de cette langue. Mais dans cette explication il faudra trouver dans les deux seules lettres O M le nom de la divinité qui est l'objet de la dévotion de ces deux hommes, et cette ressource paroîtra sans doute bien foible à ceux qui sont exercés dans le style des inscriptions.

Dans le second point de vue, on peut prendre LUCIUS CIRRATUS pour le seul auteur du vœu exprimé sur la pierre ; suivant cette idée toutes les lettres qui précèdent le nom de cet homme désigneront l'objet de son culte, ou, ce qui est le même, donneront les titres distinctifs de quelque divinité. Or, dans ce cas, quand même on hasarderoit de remplir les trois pre-

(1) Il pourroit n'être pas inutile d'avertir que cet O est plus grand que les autres lettres.

mières lettres OM M, quel sens donnera-t-on au mot DATTOVIR? Sera-t-il permis de le regarder comme un adjectif topographique, ou bien en fera-t-on une nouvelle divinité gauloise échappée au goût de Dom Martin pour les apothéoses, et inconnue jusqu'à présent ?

Ces obstacles m'ont arrêté, Monsieur, je l'avoue sans en rougir; l'antiquité a ses mystères comme la nature, on s'égare presque toujours lorsqu'on s'obstine à vouloir les pénétrer.

Cependant au milieu de cette obscurité, je ne sais si l'on ne pourroit pas tirer quelque rayon de lumière d'une superstition qui règne encore dans le pays, et dont j'ai été informé; elle étonneroit sans doute, s'il étoit raisonnable de s'étonner des bizarreries de la superstition.

Les femmes de Laudun qui ont quelqu'enfant malade ont coutume de le porter dans ce lieu ruiné; elles le placent sur l'autel de l'inscription, et là elles le dépouillent de ses haillons pour le couvrir de nouveaux habits qu'elles ont porté dans cette vue. Cette cérémonie, suivant leur croyance, est presque toujours suivie d'un prompt rétablissement. J'ai vu parmi les débris de cette chapelle de ces haillons à moitié détruits ; on m'assura encore que les femmes stériles faisoient volontiers cette espèce de pèlerinage, dans l'espérance d'obtenir des enfans : je ne pus pas savoir si cette dévotion étoit accompagnée, comme l'autre, de quelqu'opération particulière.

Il semble que les préjugés, dont l'origine est certainement très-ancienne, peuvent suggérer quelque conjecture. Les mères ou matrones étoient des déesses héréditaires fort en réputation chez les Gaulois, la célébrité de leur culte est prouvée par un grand nombre d'inscriptions déterrées principalement dans ces provinces, et l'on voit par ces mêmes inscriptions que l'objet des vœux qu'on leur adressoit étoit surtout la santé et la fécondité. Quoique dans la première institution on ne comptât que trois de ces divinités du second ordre, il est aisé de s'apercevoir que la confusion qui dut s'introduire dans un pareil culte a pu souvent les faire imaginer en plus grand nombre, selon le sens plus ou moins étendu qu'on donnoit à leur nom ; du reste, leurs temples étoient ordinairement à la campagne, et elles portoient presque toujours le nom du lieu qu'elles protégeoient.

Sur ces principes, que je pourrois établir par les plus fortes preuves, seroit-il absolument téméraire de soupçonner que les mères de Laudun, considérées sous certains rapports, sont les divinités de l'inscription proposée ? avec cette clef il semble que cette inscription ne seroit plus si impénétrable, et qu'on pourroit également faire usage des deux leçons indiquées ci-dessus.

En effet, s'éloigneroit-on des règles ordinaires en expliquant om par *omnibus* ou *optimis* matribus, et en achevant de lire simplement marcus dattovir, *lucius* cirratvs vo*tum* solverunt libentes merito. Que si les deux lettres om, par leur proximité, et par le défaut d'interponction, paroissoient ne devoir former qu'un seul mot, n'auroit-on pas encore la ressource de regarder les trois premières lettres om m, comme les initiales de *omnibus* matribus; et en ce sens, à la vérité moins simple, ne pourroit-on pas conjecturer que le mot dattovir forme le commencement d'un nom topique, qui, dans ce canton, étoit l'épithète distinctive de ces divinités. On trouve dans les inscriptions connues, *Matribus* ou *Matronis, Gabiabus, Frisavis, Arsacis, Brittis, Mopatibus, Aufaniis, Vediantia-*

bus, et tant d'autres noms inusités de pays, dont tous les recueils (1) fournissent des exemples; le mot DATTOVIR*ensibus* ne seroit certainement ni plus barbare, ni plus révoltant; et en excluant la première interprétation, il ne paroît pas que ce fut une bien grande irrégularité littéraire de lire OM*nibus* MA*tribus* DATTOVIR*ensibus* LU*cius* CIRRATVS V*otum* sol*vit* L*ibens* ME*rito*. De cette sorte, l'inscription dont il s'agit entreroit dans la classe de toutes les autres de cette espèce, et DATTOVIR*um* seroit l'ancienne dénomination de Laudun.

On sentira aisément, à la manière dont je présente ces idées, que je n'en suis pas satisfait; mes recherches mêmes m'ont convaincu que ces conjectures n'étoient fondées que sur des rapports assez éloignés; je les propose sans prétention, et je ne pourrois les admettre moi-même qu'à l'aide de quelque nouveau secours que nous ne sommes pas en droit d'espérer. Je mets donc toujours cette inscription presque au rang des inconnues, et je suis persuadé que la première loi qu'on doive s'imposer, dans l'étude de l'antiquité, c'est de n'adopter aucune explication qui ne soit prouvée

(1) V. Gruter, Lipse, Spon, Muratori, et *la Relig. des Gaulois*.

par le témoignage des auteurs, ou autorisée par la comparaison des monumens.

Voilà, Monsieur, tout ce que m'a fourni mon voyage à Laudun; je vous l'adresse avec confiance, vous en ferez l'usage que vous jugerez à propos. J'observerai en finissant qu'on y trouve fréquemment des médailles du haut et du bas empire, et que les petits lieux qui l'environnent, comme Orsan, St.-Genest, St.-Victor, Montfaucon, St.-Laurent et Roquemaure, quoique destitués d'inscriptions, abondent en antiquités de l'espèce de celles qu'on enfermoit dans les tombeaux.

J'ai l'honneur d'être, etc.

CALVET.

Au reste, on ne doit point soupçonner qu'il y ait la moindre faute dans les inscriptions que je donne; j'en réponds absolument, et en tout sens.

FIN.

DE L'IMPRIMERIE D'ÉGRON.

TABLE DES LETTRES
ET AUTRES PIÈCES
contenues dans ce Volume.

LETTRES DE HENRI IV.

INTRODUCTION.	Page v
LETTRE PREMIÈRE. *Au roi Anthoine.*	1
— II. *A la reine Marguerite.*	2
— III. *Au comte de Soissons.*	4
— IV. *Au même.*	8
— V. *A madame sa sœur.*	9
— VI. *Au comte de Soissons.*	12
— VII. *Réponse du comte de Soissons.*	15
Discours du roi à MM. du parlement.	16
A Messieurs du parlement.	19
— VIII. *A M. le comte de Soissons.*	20
Réponse du roi à la harangue de M. l'évêque de Tours.	22
— IX. *A la duchesse de Beaufort.*	24
— X. *A la même.*	26

Lettre XI. *A la même.* Page 27
— XII. *A la même.* 28
— XIII. *A Gabrielle d'Estrées.* 29
— XIV. *A la même.* 30
— XV. *A la même.* 31
— XVI. *A la même.* 33
— XVII. *A la même.* 34
— XVIII. *A la même.* 36
— XIX. *A la même.* 37
— XX. *A la même.* 39
— XXI. *A la même.* 41
— XXII. *A la même.* 42
— XXIII. *A la même.* 44
— XXIV. *A la même.* 45
— XXV. *A la même.* 46
— XXVI. *A la même.* 47
— XXVII. *A la même.* 49
— XXVIII. *A la même.* 50
— XXIX. *Au grand écuyer de Bellegarde.* 51
— XXX. *A madame sa sœur.* 54
— XXXI. *A la duchesse de Beaufort.* 55
— XXXII. *A madame de Liancourt.* 56
— XXXIII. *A madame sa sœur.* 57
— XXXIV. *A la duchesse de Beaufort.* 58
— XXXV. *A la même.* 61
— XXXVI. *A madame sa sœur, sur la mort de la duchesse de Beaufort.* 62

Lettre XXXVII. *Réponse à la lettre précédente.* Page 63
— XXXVIII. *A M. le Connestable.* 64
— XXXIX. *A Mlle. d'Entragues.* 66
— XL. *A la même.* 67
— XLI. *A M. d'Entragues.* 68
— XLII. *A Mme. la princesse de Toscane, Marie de Médicis, depuis reine.* 69
— XLIII. *A la reine d'Angleterre.* 71
— XLIV. *Au comte d'Essex.* 73
— XLV. *A la duchesse de Nemours.* 74
— XLVI. *A la duchesse de Longueville.* 76
— XLVII. *A la princesse de Condé.* 78
— XLVIII. *A madame sa sœur.* 79
— XLIX. *Au président de Thou.* 81
— L. *Au roi.* 83
— LI. *De Charles de Bourbon.* 85
— LII. *Du même.* 89
— LIII. *Du même.* 90
— LIV. *De Madame, sœur du roi.* 92
— LV. *De la même.* 94
— LVI. *De la même.* 103
— LVII. *De la même.* 105
— LVIII. *De la même.* 107
— LIX. *De la même.* 110
— LX. *De la même.* 113

Lettre LXI. *De la même.*	Page 114
— LXII. *De la même.*	115
— LXIII. *De Catherine de Navarre.*	117
— LXIV. *De la même.*	119
— LXV. *De la même.*	121
— LXVI. *De la même.*	123
— LXVII. *De la même.*	125
— LXVIII. *De la même.*	126
— LXIX. *De la même.*	128
— LXX. *De la même.*	130
— LXXI. *De la même.*	132
— LXXII. *De la même.*	134
— LXXIII. *A M. l'évêque d'Evreux. (le cardinal Duperron.)*	136
— LXXIV. *Au prince de Joinville.*	1 7
— LXXV. *A M. le Connestable.*	138
Accommodement.	139
L'ordre et formalité qui s'observent à l'entrevue et accord de MM. le prince de Joinville et Legrand.	141
Pour le sujet de la querelle d'entre M. le comte d'Auvergne et M. le prince de Joinville.	142
— LXXVI et dernière. *Au comte de Saint-Paul.*	147

LETTRES DE M. L'ABBÉ FLÉCHIER.

Lettre première. *A mademoiselle de Lavigne.* Page 151
— II. *A Mademoiselle* * * *. 154
— III. *A Mademoiselle* * * *. 157
Lettre de M. l'abbé C.... à milady Montague. 163
Lettre de M. Surgères-Larochefoucault à sa femme, ou Voyage à Surgères. 173

LETTRES DE DIVERS SAVANS ET GENS DE LETTRES, AU COMTE DE CAYLUS.

Lettre première. *De Coste.* Page 183
— II. *De Voltaire.* 187
— III. *Réponse du comte de Caylus.* 189
— IV. *De Voltaire.* 192
— V. *De M. Taitbout.* 195
— VI. *Du même.* 199
— VII. *Du même.* 204
— VIII. *Du même.* 210
— IX. *De M. Godin.* 214
— X. *De M. Anquetil-Duperron.* 218
— XI. *Du même.* 221
— XII. *De M. Grosley.* 225
— XIII. *De M. Schmidt.* 229
— XIV. *Du même.* 232

Lettre XV. *Du même.* Page 236
— XVI. *De M. Mazéas.* 240
— XVII. *Du même.* 243
— XVIII. *Du même.* 246
— XIX. *De M. Monneron.* 250
— XX. *De M. de Rochefort.* 257
— XXI. *De M. Pajonnet.* 259
— XXII. *De M. Benhink.* 272
— XXIII. *Du chev. de Mons de Savasse.* 282
— XXIV. *De M. Calvet.* 298
— XXV. *Du même.* 302
— XXVI. *A M. Calvet.* 308
— XXVII. *De M. Calvet.* 313
— XXVIII. *Du même.* 317
— XXIX. *Du même.* 325
— XXX. *Du même.* 333
— XXXI. *Du même.* 343
— XXXII. *Du même.* 357
— XXXIII. *Du même.* 361
— XXXIV. *Du même.* 267
— XXXV. *Du même, et dernière.* 370

Fin de la Table des Lettres.

TABLE

DES PRINCIPALES MATIERES

contenues dans cet Ouvrage.

A.

Accommodement écrit de la main d'Henri IV, au sujet de la querelle entre le prince de Joinville et M. Legrand. *Page* 139.

Agenau. Nom d'une ville que les paysans prétendent avoir existé dans la plaine de Coulm. 254.

Albin (le tyran), vaincu près de Tein, par l'empereur Septime - Sévère. 253.

Alcoran. Adresse avec laquelle les Turcs s'en sont servis pour s'emparer de toute l'Asie. 167.

Alisiers (les) sont très - fréquens à Vaison. 549. Cet arbre se plaît dans les décombres. *Ibid.*

Amenophis. Ce que ce mot signifie. 257.

Anquetil-Duperron. Caractère qui règne dans ses lettres. xiij.

— Sa reconnaissance envers le comte de Caylus. 218. Se fait un plaisir de converser d'avance avec les bramines, que les voyageurs se plaisent à défigurer. 219.

— Ce qu'il pense des proverbes de *Barthrouherri*, traduits par Roger. 219.

— a trouvé la valeur de plusieurs lettres du manuscrit égyptien qui est à Sainte - Géneviève. 219.

Anquetil-Duperron offre au comte de Caylus la traduction du manuscrit de Zoroastre. 221.
— Ses découvertes dans l'Inde. 222.
— Ses motifs de chagrin en arrivant à Paris. 223.
— Ce qu'il craint pour les fruits de ses veilles. *ibid.*
— a dévoilé la loi des Guèbres, leur langue sacrée et leur mythologie. *ibid.*
— traite les sciences en militaire. 224.
— Manière dont il force les Indiens de l'instruire. *ibid.*
— prie le comte de Caylus de s'intéresser aux Wedes. *ibid.*

Antiquaire (l') et le physicien doivent également se défier des sensations qui favorisent leurs espérances. 576.

Antiquité (l') a ses mystères comme la nature. 579.
— Première loi qu'on doit s'imposer en l'étudiant. 582.

Antiquités gauloises (les) sont, à tous égards, plus intéressantes pour les Français que les étrangères. 230.

Aqueduc faisant partie des ruines de Neris. 266. Etait destiné pour l'usage d'une ville. 267.

Asie (l') est, aux yeux de M. Anquetil-Duperron, une terre inculte que les Européens négligent. 222.

Avignon a des monumens antiques de plusieurs genres. 300.

B.

Baïardi. Sa lenteur à composer l'histoire d'Herculea; début de son travail. 208.

Bardet. Nom de l'ingénieur chargé de diriger les travaux d'Herculanum. 201.

Bardet conserve le plan général d'Herculea. 201.

— fournit les notes et les observations qui servirent à composer la dissertation qui parut en 1748 sur Herculea. 203.

Barthélemy (M. l'abbé) joint à l'esprit de découverte celui de la plus grande solidité. 238.

— a déchiffré fort nettement l'inscription de Malthe. *ibid.*

— accepte l'Hannibalien de M. Calvet pour le cabinet du roi. 359.

Bas-relief qu'on voit à la face méridionale des arènes de Nîmes. 363.

Beaucaire offre des antiquités qui annoncent le séjour des Romains. 310.

— Inscription des colonnes couchées à la porte de son hôtel-de-ville. 303.

Benhink. Singulière comparaison de sa personne avec une toupie. 276.

— Portrait qu'il fait des trafiquans d'antiquités de Venise et des villes de Lombardie. 274-275.

— a trouvé plus de belles et bonnes médailles en une semaine, en Allemagne, qu'en deux mois, en Italie. *ibid.*

Bourbon (Charles de) se justifie aux yeux d'Henri IV. 85.

C.

Calvet fut, après *Paciaudi*, le correspondant le plus zélé du comte de Caylus. xix.

— rend compte à M. de Caylus de son voyage à Laudun. 370 et suiv.

Calvet. Ses conjectures au sujet d'un petit monument antique. 310 et 311.

— Ce qu'il a vu de plus beau à Marseille, en fait d'antiquités. 321.

Catherine, sœur d'Henri IV, veut renoncer au mariage, et demande à son frère son congé, et un lieu propre à mener une vie religieuse. 95 et suiv.

— témoigne sa grande satisfaction de son mariage. 107.

— choisit le roi son frère pour son avocat, au sujet d'une affaire d'intérêt avec lui. 111.

— En quoi elle ressemble à sa mère. 118.

— témoigne son déplaisir d'être continuellement sollicitée à changer de religion. 125.

Caylus (le comte de) pense que les éloges excessifs sont regardés par le public comme des critiques. 190.

— proteste à M. de Voltaire qu'il n'a jamais fait un vers. 190.

Ceylan (le) est le centre et le berceau de la religion indienne. 222.

Chèvre d'or qu'on croit enfouie au milieu de décombres. 375.

Combe (la). Son aventure dans son voyage à Surgères. 174 et suiv.

Conti (l'abbé). Dissertation au sujet d'une lettre adressée à milady Montague, qu'on peut lui attribuer. xj.

Coulm. Edifice romain qu'on y trouve. 233.

— Description de ses antiquités. 233 et suiv.

Cuivre des anciens Indiens du Pérou; sa nature et son usage. 217.

D.

Dépôt le plus fidèle des pensées des grands hommes. iv.

Diane. A quel usage on emploie un de ses temples. 328.

Duhamel avait une idée très-juste sur la pourpre des anciens. 247.

E.

Ecluse (l'abbé de l') a transcrit les lettres inédites de Henri IV; sa grande habileté dans l'art de connaître les écritures anciennes. vj.

Éloges excessifs. De quel œil ils sont regardés par le public.

Entragues (Mlle. d'). Portrait qu'Henri IV fait de son naturel. 67.

Européens (les) ne sont que les commentateurs ou interprètes des peuples de l'Asie. 167.

F.

Fay (du) a reçu de M. Godin une hache de cuivre des anciens Indiens du Pérou. 217.

Fléchier (l'abbé). Ses conseils à Mlle. Lavigne. 131 et suiv.

— Ses vers à la même. 152.

— Allusion qu'il fait aux anciens Holopherne et Judith. 154.

— raconte la première journée d'un pèlerinage. 162.

Femmes (les) d'Asie ont moins de colifichets et de gothique que les nôtres. 170.

G.

GAUNODUNUM. Présomption de Schmidt sur la situation de cette ancienne ville. 234.
Godin reconnaît la hache indienne qu'il avait envoyée de Quito au comte de Maurepas. 214.
— Ses détails sur quelques usages des anciens Indiens de l'Amérique méridionale, qui vivaient avant la conquête faite par les Espagnols. 214.
— a taillé à Cusco, avec facilité, de la pierre nouvellement tirée. 216.
Grosley met sous les yeux du comte de Caylus un fait lié aux objets des études de l'antiquité. 225.
— combat l'assertion de Georges *Pachymère*, au sujet d'un emploi de vif-argent. *ibid.*
— propose au comte de Caylus un beau sujet pour la peinture, dans l'histoire d'un siége de Gênes. 226.

H.

HACHES des anciens Indiens ; manière dont ils les faisaient ; leur forme. 214-215.
Hache de cuivre des anciens Indiens, envoyée de Quito, par M. Godin, à l'adresse du comte de Maurepas. 217.
Henri IV. Ses lettres inédites tiennent à des événemens majeurs, peu ou mal connus jusqu'à présent. vj.
— prend le plus grand plaisir à faire le bien que les autres se contentent d'écrire. 5.

Henri IV. Ses travaux au camp devant Amiens. 12.
— Son invitation au comte de Soissons. 13.
— demande, à MM. du parlement, l'*aumône* pour les braves qu'il a laissés sur la frontière. 16.
— Portrait qu'il fait de son armée devant Amiens. 17.
— aime mieux faillir à l'état que si l'état lui *faillait*. 18.
— Ses reproches à MM. du parlement. 19.
— Manière pressante dont il écrit au comte de Soissons. 20.
— Sa harangue remarquable à l'évêque de Tours. 22.
— est tout gris par dehors, mais tout doré en dedans 23.
— Jamais roi n'eut les cœurs des Bretons comme lui. 24.
— Déplaisir que lui cause l'absence de la belle Gabrielle. 31.
— Son amour le rend aussi jaloux de son devoir que des bonnes grâces de sa maîtresse. 36.
— se dispose à faire le saut périlleux. 41.
— Plaintes qu'il fait à la duchesse de Beaufort. 58.
— Singulière comparaison qu'il établit entre le vieux testament et les promesses de la belle Gabrielle. 59.
— Son affliction au sujet de la mort de la duchesse de Beaufort. 62.
— se plaint des obstacles qu'il éprouve dans ses liaisons avec Mlle. d'Entragues. 66.
— demande à Mlle. d'Entragues la promesse de mariage qu'il lui avait donnée. 67.
— demande cette même promesse à M. d'Entragues. 68.
— annonce au président de Thou qu'il l'a fait conseiller en son conseil d'état et finances. 81.

Herculea. Plan de son théâtre, fait d'après les originaux mêmes par l'ingénieur chargé de diriger les travaux relatifs à la découverte de cette ville. 200.

— Tableau qu'en fait le consul Taitbout. 201.

Héron. Peu de voyageurs ont été plus curieux, plus attentifs, plus infatigables. 201.

I.

Indiens (les anciens) ignoraient l'usage du fer, quoique très-commun dans toute l'Amérique. 214.

— Les deux manières dont ils travailloient les pierres.

L.

Laudun. Sa position, sa description et les monumens qu'il renferme. 370 et suiv.

— jouit de quelque considération chez les Romains. 372.

— Coutume superstitieuse des femmes de ce village. 379 et 380.

Lépidus. La cause de sa mort; pourquoi il est traité de sot par Montaigne. 185.

Lettres d'Henri IV; bibliothèque où se trouvaient leurs originaux. v.

M.

Mazéas. Ses lettres sont semées de réflexions judicieuses. xiv.

— se plaint de la dégradation qu'éprouvent à Rome des monumens antiques. 240.

— Portrait qu'il fait des critiques injustes. 242.

Mazéas a fixé son attention sur la pourpre des anciens ; manière dont on la faisait. 243-244.

— n'est point de l'avis des modernes, touchant la supériorité de la cochenille sur la pourpre. Ses motifs. 244.

Marandi. Des morceaux antiques qu'on y trouve, donnent l'idée du plus bel édifice. 351.

Matrones. Célébrité de leur culte chez les Gaulois. 380.

Monneron. Son attachement pour sa patrie l'a porté à observer les monumens qui l'environnent. 250.

— fait part au comte de Caylus de ses observations concernant les antiquités gauloises. *ibid.*

Mons de Savasse désire une ordonnance qui punisse les orfévres, les fondeurs et autres qui anéantissent les monumens de l'antiquité. 292.

Montagne de Saint-Jean. Beau coup d'œil du haut de son sommet ; est riche en débris antiques. 374.

Mornas. Sa position et sa description. 339.

Mur long de plus de 400 toises, sous lequel il y avait plusieurs cercueils de pierre. 251.

N.

NAPLES (roi de). Sa jalousie pour tout ce qui a rapport aux antiquités d'Herculanum. 196.

— On y tient peu de compte des arts et des sciences. 201.

Nayade. Son apparition et son discours à M. de Surgeres. 179.

Neris. Conjectures sur son ancien théâtre. 261 et 262.

— A quelle époque on peut fixer sa destruction. 263.

— quoique peu considérable par son étendue, était néanmoins fort d'assiette. 264.

Newton faillit nous faire perdre ses plus belles découvertes. 242.

Nicolas, capucin, s'empare d'un dépôt de médailles, trouvé par une servante ; usage qu'il en fait. 292 et 293.

O.

Obélisque (l') d'Arles a été tiré des environs de Tein. 254.

Orsan abonde en antiquités de l'espèce de celles qu'on enfermait dans les tombeaux. 383.

Orient (l') a donné la naissance aux sciences, aux arts et aux dieux. 167.

P.

Paciaudi (le père) est un homme fort éclairé, et très-versé dans l'étude des antiquités. 241.

— a communiqué à M. Mazéas le mémoire du comte de Caylus, sur la manière la plus avantageuse de peindre sur le marbre. 243.

Pajonnet, prieur d'Alichamps. Sa tête est pleine de faits, d'écrits, et de monumens historiques. xvi.

— Sa dissertation sur l'ancien *Néris* et sur le nouveau. 261 et suiv.

Piaguet. Sa découverte d'un trésor considérable à Mâcon. 282. Description de ce trésor. 283.

— voulait donner pour un louis tout ce qu'il avait trouvé. 289.

Pierres plantades ; leur description. 309.

Pline. Ce que M. Mazéas trouve dans la lecture de ce naturaliste. 243.

Proserpine. Sa belle statue dans le comptoir d'un négociant de Marseille. 321 et 322.

Proverbe échappé à la naïveté d'Henri IV, et supprimé par l'éditeur de l'*esprit* de ce monarque. ix.

Q.

Quenin offre les restes conservés d'un temple antique. 350.

Querelle entre le prince de Joinville et le comte d'Auvergne, appaisée par les soins d'Henri IV. 139 et suiv.

Questions proposées à milady Montague concernant les Turcs. 168.

R.

Rochefort. (de) Le service qu'il désire de la part du comte de Maurepas. 258.

Roman. Ce qu'il faut pour en faire un véritable. 166.

Rome. Sa grandeur subsiste encore dans les débris que le temps n'a pu détruire. 240.

Roquemaure est riche en antiquités semblables à celles qu'on mettait dans les tombeaux. 383.

S.

San-Severino. (le prince) a travaillé, depuis le comte de Caylus, sur les peintures en cire. 241.

Schmidt adresse au comte de Caylus l'abrégé d'un article au sujet du *Minotaure de Crète*. 229.

— Son mémoire sur Anubis et Harpocrate a été couronné par l'académie. 232.

— partage l'opinion de M. de Guines sur l'origine de l'écriture chinoise. 237.

— contredit M. de *Hauterayes*, au sujet de la syllabe *ris*, à la fin d'un mot. 237.

Schmidt désire que toutes les inscriptions tombent entre les mains de M. l'abbé Barthélemy. 238.

Sénateur génois (un) fait tomber les armes des mains du peuple révolté. 227.

Surgères. Description qu'il fait d'un de ses voyages à son épouse. 173.

Surian. (l'abbé) Collection singulière de ses antiquités égyptiennes. 318.

T.

Taitbout, consul de France à Naples, envoie au comte de Caylus la vie des peintres napolitains. 197.

— fait remettre au comte de Caylus les plan, profil et élévation du théâtre d'Herculea. 199.

— envoie au même différens morceaux d'antiquités, trouvés dans les décombres, tant du temple de Sérapis, que de l'amphithéâtre à Pouzole, et aux environs de Bacis. *ibid.*

— engage M. de Caylus à faire en sorte d'attirer l'ingénieur *Bardet* en France. 202.

— Sa négociation avec Baïardi pour le comte de Caylus. 211.

Tartares (les) qui se sont conformés à la religion de Confucius, après avoir conquis la Chine, n'ont fait qu'imiter les Turcs. 167.

Tein-bourg a été bien plus connu jadis qu'à présent ; il était habité par les Romains. 251.

— jouissait encore d'une sorte de considération au milieu du quatorzième siècle. 254.

— Charles V y épousa Jeanne de Bourbon. *ibid.*

Tibère Néron. Soulèvement de toute la Gaule sous son règne. 268.

Tour de Néris, regardée comme l'ouvrage de Néron. 267.

Turcs (les) imitent le zèle des califes, le pouvoir et la magnificence des anciens Persans et des anciens Grecs. 167.

— n'ont qu'un pas à faire pour être déistes. 168.

V.

VAISON fournit beaucoup d'antiquités. 528.

— Sa situation, sa description et ses monumens. 347.

Vers à soie (les) ne voient, n'entendent, ni ne sentent; ils n'ont que les organes nécessaires à leur destination. 295.

— On en fait mal à propos des animaux domestiques. *ibid.*

— Leur abondance attribuée à l'accouplement simultané de deux papillons mâles avec une femelle *ibid.*

Via Magna, nom du grand chemin que les Romains avaient pratiqué à travers les Alpes, pour venir de Rome à Lyon, conservé jusqu'à ce jour, presque sans altération. 252.

Vif-argent (le) ne fut point employé à l'usage que lui attribue Georges Pachymère. 225.

Voltaire. Ses vers à M. de Surgères. 173.

— tâche de justifier auprès de M. de Caylus un quatrain qu'il avait fait en l'honneur de ce comte; il s'engage à le retrancher. 187 et suiv.

— Eloge qu'il fait du comte de Caylus. 192.

— regarde l'église *Saint-Sulpice* de Paris comme un bâtiment de mauvais goût. 193.

— malgré toute l'amitié que lui témoigne le roi de Prusse, regrette la France, qui le persécute. 194.

Voltaire. Compliment honorable et vrai qu'il fait au comte de Caylus. 194.

— pense que, sans le goût, il ne peut exister de Beaux-Arts en France. *ibid.*

— trouve la campagne, en France, abîmée, et les villes peu embellies. *ibid.*

— se plaint de ce qu'il n'y a point à Paris de belles salles de spectacles, de places, de marchés publics magnifiques. *ibid.*

Fin de la Table des Matières.

www.ingramcontent.com/pod-product-compliance
Lightning Source LLC
Chambersburg PA
CBHW070930230426
43666CB00011B/2378